語学マニアが教える！

コスパ
最強の

英語
学習法

吉野周

自由国民社

はじめに

世の中の進歩が私を助けてくれた

　私は、中学時代から50年にわたって、英語・フランス語・ドイツ語を学んできました。

　この間、語学学習の環境は大きく変わりました。
　かつては学校に通って、紙に印刷された教科書を見てノートにメモし、音声が聴きたければ生か録音して聴く。必ずリアルの場所に移動して、全てアナログの手段を使っていたため、コストも手間も大変でした。

　しかし、今は、リアルはもちろんありながら、多くのものがネット上で無料またはごく安価で手に入ります。その中には、大きく効率を上げてくれるツールも数多くあります。

　だから、20〜30代で学んだ英語・フランス語と、50代から始めたドイツ語では学習の仕方が違いました。
　ドイツ語学習の時は世の中が進歩していて、仕事の忙しさや年齢による記憶力の衰えを最新ツールが補ってくれました。

　結果、英語・フランス語・ドイツ語で検定1級を取得すること

ができ、ビジネスの場面でも使いこなせるようになりました。

　しかし、日本では大半の人が、せっかくのプラットフォームやツールを使わず、昔ながらの方法で勉強しているようです。

　例えば、ノートに英単語を書いて、下敷きで隠して覚えるとか、紙の辞書を使い続けているとか、高額な学校以外に勉強の方法がないとか。
　海外では、もっと効率よく安く学んでいますよ。

　例えば、下記のツールを知っていますか？
　電子単語カード、教師紹介サービス、相互添削サービス、会話カフェ、タンデム（教え合い）紹介プラットフォーム。

　もし知らなければ、一部を使うだけでも、あなたの英語学習は大きく進化する可能性があります。
　手軽に、速く、効率よく、安価に。

　私は今65歳ですが、4つ目の外国語、韓国語に挑戦しています。
　もちろん、ツールをフル活用して。というか、これらのツールがあるからこそ「絶対に習得できる」という確信があるのです。

　例えば暗記。
　私は、語学の習得には暗記が不可欠だと考えています。「英語は1000語で話せる」的な話を耳にしますが、それでは、1000語で

人の言ったことを理解できますか。単語のみならず、言い回しや文法でも暗記は避けて通れない王道なのです。

　この難題をクリアさせてくれるソフトもこの本で紹介しています。

　このソフトのおかげで、テレビに出てきた有名人の名前が思い出せずに苦労する私でも、簡単に単語を覚えられます。

　それと、効率よく記憶するコツ。これも知っていると知らないでは、天と地ほど違います。

　それでは、英語を効率よく楽しく安く習得する方法をご覧ください。

CHAPTER 1 ::: 英語学習は最初が肝心！

CHAPTER 2 ::: ツールを使い倒す！
安い・便利・使えるツールはたくさんある！

CHAPTER 3 ::: 記憶の加速装置

おすすめアプリ・オンラインツール

NO	アプリ・オンラインツール名	URL	サービス内容	費　用
1	FluentU	https://www.fluentu.com/ja/	英語コンテンツ総合サイト。最新のベストセラーから、推理小説まで幅広い本を紹介	無料
2	Medium	https://medium.com/	オピニオンシェアサイト。やさしい英語で書かれた本も紹介している	無料
3	Anki	https://apps.ankiweb.net/	PCとスマホの両方で使える電子単語帳ソフト・アプリ。記憶理論を実装しているため効率よく覚えられる	iPhone版だけ有料（3060円）
4	News in Easy English	https://newsineasyenglish.com/	やさしい英語で文化や科学のトピックスを読み・聴けるサイト	無料。投げ銭あり
5	News in Levels	https://www.newsinlevels.com/	同じ記事を難易度レベルで3種類音声とテキストで掲載している。シャドウイング機能もあり	無料
6	Breaking News English	https://breakingnewsenglish.com/	ブリティッシュイングリッシュの音声とテキストのサイト。同じ記事が難易度別に4つのレベルで掲載されている	無料
7	Grammarly	https://www.grammarly.com/	英文添削サイト。スペルや文法のミス、句読点の正しい位置などを教えてくれる	無料コース、有料コースあり
8	HiNative	https://hinative.com/ja/	外国語作文添削サイト・スマホアプリ。ネイティブが投稿した文章をネイティブがチェックしてくれる	無料コース、有料コースあり
9	USA Today	https://www.usatoday.com/	アメリカの大手新聞のWeb版	ほとんどの記事が無料
10	italki	https://www.italki.com/home	個人授業紹介サイト。外国語のマンツーマンの指導が受けられる	サイトの利用は無料、授業は有料

11	レアジョブ英会話	https://www.rarejob.com/	オンライン英会話のサイト	有料
12	Tandem	https://www.tandem.net/ja	言語教え合いプラットフォーム。プロフィールでパートナーを選び、サイト内でテキストチャット、音声チャットができる	無料コース、有料コースあり
13	Movie Novelizations	https://www.goodreads.com/shelf/show/movie-novelizations	映画をノベライズした本がたくさん見つかる。ジャンルとしては、特にSFとファンタジーが多い	無料
14	All recipes	https://www.allrecipes.com/	レシピサイト。料理好きな外国人と話をするときに使える	無料
15	Food Network	https://www.foodnetwork.com/	レシピサイト。料理好きな外国人と話をするときに使える	無料
16	Yummly	https://www.yummly.com/	レシピサイト。料理好きな外国人と話をするときに使える	無料
17	The Times in Plain English	https://www.thetimesinplainenglish.com/	最新ニュースをやさしい英語で掲載している。音声はない	無料
18	Online Etymology Dictionary	https://www.etymonline.com/	あらゆる英単語の語源を調べることができる	無料
19	Word frequency data	https://www.wordfrequency.info/samples.asp/	北米で最も頻繁に使われている単語、見出し語5000語を無料で閲覧できる。さらにダウンロードもできる	無料。5000語以上は有料
20	DeepL	https://www.deepl.com/en/translator	多数の言語間の翻訳ができるサイト。日英間の精度はかなり高い	無料コース、有料コースあり

※2021年8月現在

英語学習は
最初が肝心!

01 まずは目標設定 ビジネス目的？ 趣味の幅を広げるため？

　人間、何をするにも成功するには目的と目標が不可欠です。

　だから、目的も目標もクリアでなく、「英会話ができたらいいな」と漠然と考えている人が実際にできるようになる確率は、限りなくゼロに近いです。

　自分が、英語あるいは他の言語を習得する目的は何か。

　例えば、仕事のためにネットで情報収集できればいいなら、リーディング優先で、語彙も仕事に特化すべきですし、会話力はひとまず後回しになります。

　映画やドラマを見て、内容がわかるようになりたいなら、口語がメインでリスニングのトレーニングが優先ですよね。

　このように目的を明確化することで、優先すべきことがはっきりし、効率的な道筋が見えてきます。

　次に、目指すべきレベルの確定です。旅行で不便のないくらいのものなのか、ネットの英語ニュースを容易に理解できるくらいのものなのか。

　レベルを設定すれば、必要な学習時間の大まかな算出ができるようになります。

「そんなの語学の才能によって違うんじゃない？」と言われそうですが、私の経験によれば、外国語は、「誰でも一定の時間をかければできるようになる」からです。

もちろん、短期間にマスターしてしまう才能の持ち主はいます。しかし、大抵の人は平均的な所要時間で確実に上達します。

私はフランス語のクラスでは常に平均以下でした。最終的にクラスメートよりできるようになったのは、卒業しても続けたからです。

英語の勉強、あと1500時間必要です！毎日2時間、2年間勉強しよう！

さて、では必要学習時間について具体的に話を進めましょう。

「ドイツ語ができるんですか。すごいですね。私も大学の第二外国語でかじりましたが、喋れるようになる気がしなかったです。何年かかりましたか」

私は、よくこんなことを聞かれます。

実は、年数を聞くことはあまり意味がないんです。算出すべきは、年数ではなく時間数です。

週1時間だけ10年続けても、その学習時間は毎日1時間やった人に1年半足らずで抜かれてしまいます。だから算出するのは、年数や月数ではなく、時間数です。

算出の参考になるのが、アメリカ国務省が出しているデータです。国務省傘下の語学センターで授業を受けた学習者が、様々な

アメリカ人が習得に必要な時間

言語	授業時間
オランダ語	600
インドネシア語	900
ギリシャ語	1100
ロシア語	1100
中国語	2200
日本語	2200

アメリカ国務省のデータをもとに算出
https://www.state.gov/foreign-language-training/

1500時間以上と聞くと、膨大な時間に思えますが、毎日2時間勉強すれば2年間で達成できます。

外国語を仕事で使えるレベルになるまでに要する時間がまとめてあります。

　学習時間は、対象言語と英語との違いの大きさによって分類されており、最短と最長では3倍の開きがあります。

　日本語は、文字、語彙、文法、発音の全てが違いますから、アラビア語、中国語と並んで、英語との違いが一番大きく、習得に最も時間のかかるグループです。

　中国語は、英語と語順が近いので、中国語より日本語のほうが英語との違いは大きいです。

　英語から見た日本語と日本語から見た英語で、違いはどちらから見ても同程度だと想定すれば、日本人が英語をマスターするのにかかる時間もほぼ同じとなります。

　アメリカ人が、日本語で新聞が読め、交渉ごとの絡まない難易

度の仕事の話ができ、テレビのニュースがだいたいわかる英語力（中級の一番高いレベル）に達するのには、2200時間となっています。

　この時間は語学教育のプロが教えた場合を示しているので、自習を中心に習得するならそれ以上、おそらく2500時間程度と私は考えます。

　日本人が英語でこのレベルに達するのにも、同様に2500時間かかるとして、中高で曲がりなりにも英語を勉強した時間を仮に1000時間とすると、あと1500時間。毎日2時間勉強すれば、2年ちょっとで目標に到達できることになります。

　ここに自分の目的と目標を組み合わせて、優先順位をつけ、様々なツールで効率を上げましょう。

　余談ですが、日本人が韓国語の上級に達するのにかかる時間はわずか1000時間と言われています。韓国人のタレントが、日本に来るや否や日本語が話せる理由もわかりますね。

　私は、韓国ドラマにハマり、次の習得ターゲットを韓国語にしました。進歩が目に見えて感じられ、楽しいです。

02 学習の方向性を決めよう!

目標のレベルに達するために必要な時間がわかったら、1日何時間学習に費やすことができるかを考えます。

先ほどの例でいえば、中級の上レベルに達するのに1500時間の学習が必要で、2年で到達したいなら、毎日2時間の学習が必要と覚悟を決めます。

学習には、様々な教材やツールがあります。それらを使った学習計画はCHAPTER2で考えることとして、ここでは学習の方向性だけ検討しましょう。

まず大きなくくりとして、学校と自習という区分があります。

英語学校に通っている場合

例えば、週に1回2時間語学学校で授業を受けている場合は、どのように計画を立てればいいのでしょうか。

授業自体とその予習・復習時間を合わせると、それだけでは到底1日2時間にはならないことがわかります。語学学校での授業が2時間として、それに合わせた予習・復習だとだいたい30分〜

1時間あれば完結します。そこで＋αの学習がないと、1日2時間にならないのです。これは意外と多くの学習者が見落としていて、学校に行くだけ（授業に向けた予習・復習だけ）で労力もかかりますし、達成感もあって、それ以上の学習をしないのです。そう、一般的に「英語学校に通う」だけでは、必要な学習時間には全然足りないのです。「学校に通っているのになかなか上達しなくて」と嘆いている人は、学習時間が不足しているだけです。

　早く上達したいなら、学校とは別に自習が絶対必要です。

自習をする場合

　そこで次に、学校に通っていてもいなくても必要な自習について考えてみます。

　自習のコアになるのは、質の高い参考書です。

　ネットなどで調べて、自分のレベルにあった、評判のいい参考書をいくつかピックアップし、書店で実物を当たって選ぶのがいいでしょう。

　私が考えるいい参考書の基準は、以下の通りです。

1. 文法中心に、章ごとに様々な分野の表現を習える
2. レベルごと1冊に編集されていて、初級から上級までシリーズでカバーしている
3. 自分にとって面白い（興味が続く）コンテンツ
4. 説明がわかりやすい
5. ページ数が300ページ以下

6. 練習問題があり、選択肢方式でない
7. 音声がついている
8. 単語と表現の索引がある

　章ごとに文法項目が整理されていると、習い終わった後、不確かな項目が出てきたらすぐに確認できます。

　文法の整理の仕方と順序は、編集の仕方次第ですから、あるレベルを完了したら同じ流れで上に進めると助かります。

　5番目のページ数は意外と大事です。薄い本は1冊ずつMilestoneになるからです。自習継続のためには、「初級をクリアすれば、いよいよ中級の仲間入りだ」という区切りが欠かせないのです。

　文法を中心とした参考書の定番に、700ページ近い大作があります。網羅的なので、確認には役に立ちますが、自習には不向きと言えます。なぜなら、長すぎてレベルの区切りでの意欲アップが図れないのと持ち運びに不便だからです。どこでも学習できたほうが学習時間の確保が容易になります。

　練習問題は、習ったことを定着させるために必要です。形式として選択肢問題は基本的にNGだと考えています。理由は、実際に話したり書いたりする場面で、選択肢を与えられることはあり得ないから。

　音声がついていることで、文字だけでなく発音に触れることができます。これは英語を総合的に学習するには不可欠であり、記憶の強化にも効果的です。

　発音をカタカナで表記している参考書もよくないです。英語の音の種類（音素と呼びます）は日本語より多いので、カタカナでは表しきれません。カタカナの表記は、英語でも日本語でもないものを間に挟む行為で不要な暗記項目が増えます。

　索引は、単語を思い出したいとき、例文を見たいときに役に立ちます。

　日本語で書かれた参考書でこの基準に合格するものは、残念ながらありません。いろいろと仕様の問題だったり、規格の問題もあるのかもしれません。ただ、私のほうでおすすめできる日本語の参考書は何冊かありますので、第5節で、紹介します。このほか、上記基準をクリアする英語で書かれた参考書『English Grammar in Use』もご紹介します。

とにもかくにも英語を理解することが近道！

とにもかくにも英語のルールを理解する。だから語学習得の最初のステップは、理解することです。

　例えばhyperventilationという単語があります。初めてこの単語を見てそのまま覚えることは不可能に近いと思いますが、部分を知っていれば、記憶はぐっと楽になります。

まずhyperはsuper「超」のさらに上の「超超」あるいは「過度の」という意味です。ventilationは「換気」です。

組み合わせた意味は「過度の換気」つまり「過呼吸」です。ちなみにventの部分はフランス語由来で「風」を意味しています。

だから覚えられなくても、まずは理解することを目指しましょう。

 ## 理解したら暗記、
そしてインプットと同時にアウトプットへ

理解できたら暗記です。なるべく毎日復習して記憶に定着させます。

理解・記憶というインプットと並行して行いたいのがアウトプットです。アウトプットには2つの意味があります。

1つは、インプットしたことを使う練習です。

人は初めてやることが最初からうまくいくことは滅多にありません。インプットの際にはよくわかったつもりでも、口に出したり、書いたりしてみると意外に記憶は曖昧で、ダメであることに気づくものです。

もう1つの意味は、記憶に定着させることです。自ら口に出した声を自分で聴くとさらに記憶が強化されます。

アウトプットのやり方を簡単に紹介しましょう。

　いい参考書には、練習問題がありますから、ここでライティングのアウトプットができます。

　自由記述問題があれば、その章で習った文型を使って思いつくままに書いてみましょう。CHAPTER2で紹介する添削サイトを活用すれば、間違いも修正されます。

　大抵の参考書には、短い会話が音声付きで含まれています。

　最初はテキストを見ながら音声を聴き、理解できたら自分で何度か追いかけて音読します。それができるようになったら、今度はテキストを見ず、音だけを聴きながら、追いかけて喋ります（シャドウイング）。

　音読とシャドウイングを組み合わせたスピーキングの練習は、非常に効果的です。

　毎日新しい単語や表現を覚えていくと、それだけで20〜30分かかります。この例でいくと、2時間からこの時間を引いた残りの1時間半を参考書の学習に当てることになります。

　この1時間半は、タイマーで管理しましょう。時間が来たら、参考書の切りのいいところまでやろうとせずに、そこで終了します。

　記憶をアプリ任せにするのと同様、時間管理もタイマーに任せることで、自分で自分を律していかなければならない「自習」に、意図的に受け身の部分を作ります。これが心理的な負担を減らしてくれます。

　時間管理を始めると、1時間半でどれだけ参考書の学習を進められるかがわかり、その参考書を完了するタイミングもつかめま

参考書を選定	英語の ルールの理解	暗記・ インプット	アウトプット
・英文法 ・面白いコンテンツ ・300ページ以下 ・音声付きなど	・基本単語を覚える ・複合語を理解する	・単語を本書で紹介 するメソッドを使 って暗記 ※詳しくは50ページへ	・声に出す ・書く

す。復習の時間も計算に入れれば、進捗がわかります。

あきらめモードを断ち切るために！
モチベーションの保ち方

　さて、自習の時間を取って継続できていても、仕事が忙しいとき、体調が悪いときなど、できない日も出てきます。そんなときは、無理してやらない、そしてやらなかった自分を責めない。次の日かまた新しいスタートだと思えばいいのです。

　もし、自習が辛いだけで楽しくないなら、それは、計画に無理があるせいかもしれません。最初はやる気満々でスタートしても、しょうがなくて続けている状態では、上達するものも上達しません。楽しい気持ちと興味こそが、上達のエンジンなのです。

　だから、1日2時間が辛すぎれば、思い切って減らしましょう。

　もう1つのコツは、Milestone作りです。

　Milestoneとは、「一里塚」という意味です。仕事のプロジェク

ト管理などでも耳にしたことがあるかもしれません。中間目標を表します。

　今回の例で、最終的な目標に到達するには約2年かかります。その間、何も達成感なしに継続することは難しいので、モチベーションを維持するために、「試験」「現地への旅行」など中間目標を設定します。

　私が設定したMilestoneは、資格試験と現地への旅行です。

　英検、仏検を受けた頃はMilestoneにしようと意識していませんでしたが、ドイツ語では、Start Deutsch, Zertifikat Deutsch, Test DAFそして独検を受験し、そのたびに集中して学習し、進歩することができました。

　自分へのご褒美とトレーニングを兼ねて、2014年と2019年に1週間ずつ旅行しました。

　ここで陥りがちなのが、Milestone前のオーバーワークによる燃え尽きです。

　私が経験したのは、独検1級の合格後の脱力感でした。試験の準備に集中しすぎたため、精神的に疲れてしまったようです。

　Milestoneは、そのこと自体が目的ではないので、燃え尽きるほど頑張らないでください。

03 掛け算のように英語を上達させる！英語の海に沈むための工夫

**日本にいながらにして
留学しているかのような環境を作り出そう！**

　語学留学は、正しくできると、すごい速さで英語が上達します。

　「正しく」とは、留学先の日本人コミュニティーに埋没しないで、孤独に耐え、できる限り英語で生活することです。正直相当辛いです。

　その参考までに、私の語学留学の経験をご紹介します。44年前、私はひとりエジンバラの駅に降り立ちました。ここに2か月ほど滞在し、語学学校に通うのが目的です。優しそうな老夫婦に道を聞いてみると、"○×△□、Edinburgh" との答え。「エジンバラ」しか聴き取れませんでした。自分の英語力にいきなり自信喪失。

　学校で紹介された下宿先は、大家であるおばあさんが、あっという間に入院し、毎日ひとりきりで心細い限り。

　でも、それも友達ができるまでのことでした。同級生の外国人たちと下手くそな英語でなんとか意思を通じ合わせようと悪戦苦闘するうちに、いつの間にか上達していました。

　語学学校には7、8人の日本人がいましたが、寂しくても彼らと入り浸りになるのを我慢したおかげです。

　語学学校のコース終了後は、友達のひとりとヒッチハイクでイギリスを放浪し、大陸に移動して、今度は列車に乗り学校で作っ

た友達を、スペインのバスク地方、ドイツのマインツ、スイスのイタリア語圏と訪ね歩きました。

　ほとんどのことを英語で、ひとりで解決しなければならない状態に自らを追い込むことで、英語はさらに飛躍的に上達しました。

　「正しい留学」を貫徹すれば、周りが「英語環境」なので、いちいち習わなくても自然に覚えてしまうことがあふれています。例えば、「蛇口」「手摺り」「ゴミ箱」のような教科書でわざわざ習うことがないような単語や表現もそうです。現地の友達からはその時流行っている言い回しなどもバンバンインプットされます。

　このような環境を私は、Immersion in English（英語の海に頭のてっぺんまで沈むこと）と呼ぶことにしましょう。

　正しい留学という英語の海に沈んでいると、ある時からスイッチが入り、理解・記憶が加速します。

　脳が英語モードになるのです。英語の夢も見るようになります。

　これを、日本にいながら再現してみましょう！

今日からすぐにできる! English Immersion作戦

その1〜3は毎日の生活の中で実践します。

①Immersion作戦 その1
「パソコンの言語設定を英語に切り替える」

　コントロールパネルの言語設定から簡単に変更することができます。

ウィンドウズ（Windows 10）だと、「スタート」ボタンを選択し、「設定」を選択します。

　［時刻と言語］画面が表示されるので、画面左側の「地域と言語」を選択し、［言語］欄の「言語を追加する」を選択します。［言語を追加する］画面が表示されるので、一覧から変更したい言語を選択します。地域の選択が必要な言語の場合は、地域の選択画面が表示されるので、適切な地域を選択します。地域の選択が表示されない場合は、次の手順に進んでください。

　［時刻と言語］画面が表示されるので、追加したい言語名の下の［Windows Updateを検索しています］の表示が変わるまでしばらく待ちます。言語名の下に［言語パックを使用できます］と表示されるので、「関連設定」の「日付、時刻、地域の追加設定」を選択します。［次回のサインイン以降に表示言語となります］と表示されます。

　サインインし直して、変更した言語で表示されているかをご確認ください。

　私の使っているMacで切り替えると、画面の最上部のメニューが、「ファイル」「編集」「表示」「移動」「ウインドウ」「ヘルプ」からFile, Edit, View, Go, Window, Helpに変わります。

　ソフトウエアのメニューも全て変わります。例えばワードで編集中の文書ウインドウ上部のMenuは、Home, Insert, Draw, Design, Layout, References, Mailings, Review, View, Tell meになっており、「校閲」はReviewであることがわかります。

　さらにその詳細の１つ、Changesのプルダウンを開いてみれば、

修正を Accept, Reject, Previous Changes, Next Change と日本語版と同様の機能が入っています。

　意味がわからなくて面倒なのは、最初だけ。すぐ慣れてしまいます。この慣れてしまった状態が貴重です。

　ソフトのデフォルトフォントが英語フォントになり、日本語がおかしな書体で表示された場合は、MS ゴシックなど日本語フォントに変えておきましょう。

② Immersion 作戦 その2 「スマホの言語を英語に切り替える」

　iPhone でも Android でも設定から簡単に切り替えられます。

　私の Android のロック画面は Unlock for all features and data の文字が現れています。

　ロックを解除して見てみると、メニューや操作のヒントが全て英語になっていることがわかります。マナーモードに設定していると、Phone muted と表示されています。Line の「トーク」は Chat に変わっています。

　iPhone では、まず「設定」を開きましょう。次に、「一般」をタップし、「言語と地域」を選択。そして「[デバイス] の使用言語」をタップして変更できます。

③ Immersion 作戦 その3 「英語で書かれた参考書を使う」

　最初から英語で書かれた参考書を使うことで、質問によく使われる英語、文法用語などを自然に覚えてしまいましょう。文法用語を英語で知っておくことで、先生のチョイスを外国人に広げら

れたり、外国人の友人と英文法について話せるようになったりすることもメリットです。おすすめの参考書は、第5節で。

④Immersion 作戦 その4 「週末にどっぷり」

部屋に流れる音や映像、文字を丸1日全て英語にします。

映画やドラマは、字幕版で観て、字幕の出る箇所をテープで隠してしまいます。第5節の参考書の使い方でも触れていますが、ヒントがあると人はそれを頼りに答えがわかってしまいます。字幕があると自動的にそれを読んで、それを頼りにわかった気になってしまうのです。字幕を隠せば、どれだけ自分が頼っていたかよくわかりますよ。

⑤Immersion 作戦 その5 「英語で読書」

私は、英仏独を習得しましたが、1つの言語としばらく離れていると、勘が鈍ってきます。そんな時に、フランス語を使う機会が迫ってきたら、フランス語の小説を読みます。どんどん読み飛ばしていくうちに、接続が悪くなっていた頭の中のフランス語回路が活性化されていくのがわかります。

「英語で普通に小説なんか読めるのなら、もう勉強してないよ」という声が聞こえそうです。いやいや普通の小説ではなく、簡単な英語で書かれた小説があるんですよ。

「Novels written in easy English」で検索すれば、読みやすい英語で書かれた古典から、最新のベストセラー推理小説まで、様々なジャンルの本を親切にすすめてくれるサイトがいくつも出

てきます。例えば英語コンテンツ総合サイト・アプリの「Fluen-tU」（URL: https://www.fluentu.com/ja/）やオピニオンシェアサイトの「Medium」（URL: https://medium.com/）といったサイトです。

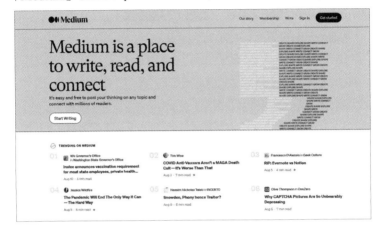

初中級者が選ぶ際のポイントは、全体として短いこと、文章が短くやさしいこと、単語がやさしいことですが、何より大切なのは、自分にとって面白いことです。その意味では、古典より新しいもののほうがより共感しやすいかもしれません。推理小説は意外に専門用語が出てくるので注意。世間で広く知られているストーリーだとわかりやすくて良いです。

FluentUですすめている、『Charlotte's web』は、少女とブタとクモの起こした奇跡の話。映画化もされましたね。あるいは、『Thirteen reasons why』は、自殺した少女から送りつけられたテープに秘められた謎。少し重いテーマです。『Peter Pan』も推薦図書として挙げられています。

気に入った小説が見つかったら、同じ本を何度も読むのも、回路の切り替えには有効です。

⑥ Immersion 作戦 その6 「英語で日記を書く」

「英語で日記を書く」のは3行でいいです。

書きたいことがある日だけでいいです。

書きたいことが英語で書けなければ、調べて書きましょう。英語で言いたいことが言える楽しみを味わうことができますし、自分の引き出しが増えます。後述する添削サイトを使えば、間違いを正してくれたり、もっといい表現の提案も受けられたりします。

Immersion作戦

1 パソコンの言語設定を英語に切り替える

2 スマホの言語を英語に切り替える

3 英語で書かれた参考書を使う

4 週末にどっぷり

5 英語で読書

6 英語で日記を書く

04 どちらが良い？ 語学学校と自習の メリット・デメリット

　私は、多言語を習う中で、語学学校に通ったことも自習をしていたことも両方同時にやっていたこともあります。どちらがいいのでしょうか。

　大抵の人は、中学で英語を習うのが外国語に最初に触れる機会なので、自然な発想として総合的な語学学校や会話学校に通うケースが多いでしょう。

　語学学校の長所は、受け身でいられること。

　そして情報を共有できる同級生と、相談できる先生がいることです。初級のうちは、英語を使って表現や資料を調べることができないため、学校での学習が適しています。

　短所は、「毎週木曜の7時から」などと決まった時間に授業があり、時間的な制約があること。そして、相当な授業料がかかることです。場所は基本的に自宅や職場ではありませんから、移動の時間もかかります。また、毎日通うのは時間的にも費用的にも難しいので、どうしても頻度が少なくなります。

　時間的な制約を軽減するため、好きな時間を選べる形式もありますが、こちらは逆に自分で決めることが増え、だんだんと足が

遠くなる要因になりかねないリスクを孕んでいます。いつも会う
クラスメートもいません。

　自習はどうでしょう。自分で能動的に動かない限り、効果が出
ないことが最大のハードルです。そして孤独です。困ったときに
相談する相手も、やる気がなくなったときに励ましてくれる仲間
もいません。しかし、移動の必要はなく、隙間時間の活用もでき
るので、時間的効率は高く、たくさん学習できます。

学習方法	長所	短所	レベル
語学学校	・授業を聞いて学習できるため受け身でいられる ・相談できる先生や同級生がいる ・初級のレベルではフォローアップもしてもらえる	・決まった時間に通わなければならない ・授業料がかかる	初級者向け
自習	・自分のペースで勉強ができる ・ひとりでできる人にとっては効率がかなりいい	・自分で能動的に動かない限りは何もできない ・わからないところを先生や同級生に聞けない	中級者向け

強制されて勉強に火が付くタイプの人は、語学学
校で課題をクリアしながら勉強していくのがいい
でしょう。自分ひとりでやれるタイプの人は自習
をベースに学習を組み立てましょう。

2つの最大の違いは、主に能動的に動く必要があるか、受動的でいていいかです。

学校でも自習でも能動・受動どちらの部分もある程度は含まれているので、レベルによって学校と自習を組み合わせるのが私のおすすめです。

学校と自習のどちらが適しているかは、あなたの性格・志向によっても違ってきます。何かをひとりで練習し続けること自体が好きで、わずかな進歩に喜びを見出す「修行僧メンタリティ」の人は、自習だけでもOKです。私はこちら。

それ以外の人は、より多く受動の部分を取り込んでください。

まず、右も左もわからない学習開始時は語学学校に通うことで、学習のコアを作り、それに自分なりの自習を追加するのがいいと思います。

私がドイツ語学校に通っていたのは、もう10年ほど前ですが、当時の先生と同級生とは今でも交流があります。習得時には頼もしい仲間です。初心者は、言語に加えてその国と文化の基礎知識（レアリア）が圧倒的に欠けているので、その面でも自然に様々な情報に触れられる学校はいいものです。

ドイツ語学校では、季節ごとにイベントがあり、お菓子やホットワイン（Glühwein）を楽しんだり、サッカーのドイツW杯の時は、ドイツ語の小冊子が配られたりしました。3分の1ぐらいドイツにいる気分を味わうことができました。

レベルが上がり、自分で情報が収集できるようになったら、自習を主体に進めてもいいでしょう。その際に必要なのは、必ず受け身の部分を作ることと、迷ったときに相談できる先を確保することです。

　自分が主体的に動かなくとも学べる受け身の部分としては、記憶ツールの活用や、学習時刻の固定、タンデムや会話カフェの活用などの工夫ができます。これらのツールについては、第2章で改めて触れます。

　自習していてわからないことが出てきたとき、ある表現について集中して学習したいときは、オンライン教師紹介サイトを使いましょう。こうしたサイトは基本的に英語で記述されているので、初心者は教師を探すことすら難しいのが弱点。だからこそ、レベルが上がったらどんどん積極的に活用しましょう。こちらも詳しい説明はCHAPTER2で。

05

参考書、一度惚れたら命がけ!?

たとえ学校に通っていても、早く習得するには参考書を使った自習が欠かせないことをお伝えしました。

では、参考書は何を選ぶべきでしょうか。というより、何から手をつけましょうか。

 ## ファーストステップは発音

様々な英語の要素の中で、私は、まず取り組むべきは発音だと思っています。

学校の英語学習で、ほとんどの人ができていないからです。だからこそ、発音がいいととても誇らしい気持ちになれます。そして何よりカッコいいです。カラオケでブルーノ・マーズの歌を歌う自分を想像してみてください。

文法のまとめやリーディングの練習の前に、発音の参考書を入手してやってみましょう。

発音がわかると、もちろんスピーキング力が高まりますが、ヒアリング力も向上します。さらには、単語を覚えやすくなるのです。なぜなら発音にはルールがあって、スペルと密接に結びつい

ているから。これが最初に発音に取り組む理由です。発音についてもまずはルールや仕組みを理解することが大事なんです。

私がおすすめするのは『世界一わかりやすい英語の発音の授業』（関正生著　KADOKAWA）という参考書です。

全てが役に立つ素晴らしい本ですが、中でも英語が聴き取れない大きな原因となっている「弱形」の説明は目から鱗の知識です。

of, and, you, himなどが文章の中で特に強調されずに使われる場合、その発音は弱形に変わります。ofは「オヴ」ではなく弱い「オ」、フィレオフィッシュの「オ」です。himは「イム」、youは「ヤ」。周囲の単語と一体化することもしょっちゅうです。

ポップスやロックの歌詞を聴けば納得できます。

 ## 次は文法

次に必要なのは、例文を通して文法をわかりやすくまとめた参考書です。

では、その参考書は何を選べばいいのでしょうか。

世の中に英語の参考書は山ほどありますが、その大半が高校・大学受験やTOEICなどの資格試験の受験を目標としたものです。

大人になってから学び直すには、いささか不向きで、また例文

などの内容が楽しくありません。試験に有効なコツも書かれていますが、本当の意味での上達には不要です。

まずおすすめしたいのは、『理解しやすい英文法』（久保野雅史監修　文英堂）です。

音声がついていないこと以外は、選択肢式でない練習問題も索引もあり、第2節で述べた私の選択基準を満たしています。

英語の文章の構成や種類など、大原則をまず説明して、理解させたあとで詳細に進んでいくアプローチが特徴です。

本書は、文の成り立ち、文の種類という一番の基本から始まります。中学1年生の時にいきなりつまずいてしまった人でも、学び直しができます。苦手意識は、得てして基本原則や、文法用語を理解していないことから生まれています。

続いて5文型、時制、受動態と授業で習った段階を追って進んでいくので、自分の不確かな項目を再確認しつつ、新しいことを学ぶことができます。

何より優れているのは、丁寧でわかりやすい説明です。特集の1つとして取り上げている「助動詞＋have＋過去分詞」では、「彼は病気かもしれない」を「彼は病気だったかもしれない」にする事例を使っています。

例えば、He may be sick. の助動詞 may を過去形の might にする

と、「彼はひょっとすると病気かもしれない」になってしまい、be を過去形にして He may was sick. とすると、助動詞のあとは動詞の原形がくるという原則に反してしまう、だから have + 過去分詞で過去形の代替をして He may have been sick. としたと説明しています。

　一方、英語で書かれた参考書には、私の選択基準を全て満たしてくれる優れたものがあります。

　「最初から英語なんて無理」と思いますよね。でも、説明は極々シンプルだし、練習問題の問題文は同じことの繰り返しなので、慣れれば意外と簡単です。そう、パソコンの英語化と同じです。

　英語で書かれた参考書を使った小学生は「留学しているみたい」と言って楽しんでいたりします。

　英語で書かれた英語の参考書の中でも、『English Grammar in Use』シリーズは世界的ベストセラーです。使っているのはもちろん non-English speaker ですから、使いやすさは保証付き。日本のアマゾンでも販売されています。

　英語で文法用語を知っていると、オンライン授業のチョイスの幅が広がるという副次効果もあります。

　では、初級用の『Essential Grammar in Use』を少し覗いてみましょう。

　『理解しやすい英文法』が英語の基本構

造を5文型から体系的に説明しているのに対し、こちらは、Present「現在形」、Past「過去形」、Present perfect「現在完了形」、Future「未来形」、Questions「疑問文」と大くくりの表現方法を取り上げていき、間あいだに動詞の活用、文と文の接続、andとtheなど気になるポイントが説明されています。

　最初のPresentを見てみると、女性のイラストに吹き出しで、"My name is Lisa." "I'm American." "I'm from Chicago." "I'm a student." "My father is a doctor and my mother is a journalist." "I'm 22." "My favourite colour is blue." "My favourite sports are football and swimming." "I'm interested in art." "I'm not interested in politics."と書かれています。

　be動詞の表現が、amの省略形、is、are、補語に固有名詞を使うパターン、形容詞を使うパターン、前置詞＋名詞、冠詞＋普通名詞、と網羅されています。その下には、肯定と否定の表現をフルと省略形（isと'sなど）で示した表が入り全体像を確認できます。

　特筆すべきは、みんなが疑問に思う項目をあちこちに入れて、痒いところに手が届くように作られていること。

　例えばReported speech「発言の引用」、多用する動詞をまとめたGo, get, do, make and have、Word order「語順」など、知っているとグッと実力がつく内容です。

　Word orderの章では、Word order 1として動詞と目的語が続く

パターン She bought some new shoes yesterday. を取り上げ、基本的には She bought yesterday some new shoes. ではないと説明しています。また、場所と時間は、時間、場所の順にはならないので、あくまで We went to a party last night. であり、We went last night to a party. ではないことがわかります。Word order 2 では、頻度を表す always、never などが be 動詞ではその後に、一般動詞では主語と動詞の間に入ることを I always drink coffee in the morning. や They are never at home during the day. など豊富な例で説明しています。

　説明の後には、間違った語順を訂正する練習問題が載っていま

書籍名	ジャンル	おすすめポイント
世界一わかりやすい英語の発音の授業	発音	of を「オ」and を「アン」と発音する弱形、発音と綴りの連携などの原則を理解させてくれる。
理解しやすい英文法	文法	中学校で習った順番に文法項目が整理されてわかりやすい。文法の解説が丁寧。
Essential Grammar in Use	文法	1つの文法項目に対して、多くの例文が用意されている。また知らないところや弱いところを確かめられるように索引が充実している。

文法書に日本の学習参考書しか使っていなかった方は、英語で書かれた文法書もおすすめします。英文法を英語で理解することで理解の幅も広がりますし、英語に触れる機会も増えますので、力がつきます。

す。例えば、Did you watch all evening TV? を Did you watch TV all evening? に訂正します。

この参考書は、もちろん最初から学んでもいいのですが、自分が弱いところ、知らないところ、確かめたいところだけを選んで学習できる構成になっています。索引が充実しているので、見つけやすいです。

このシリーズには、British English 版と American English 版があります。

British 版には、レベルごとに『Essential Grammar in Use』（初級）、『English Grammar in Use』（中級）、『Advanced Grammar in Use』（上級）があり、継続して学ぶことが可能です。

American 版には初級と中級しかないのが残念です。

British 版にはネット上で読める音声付きの E-Book もついており、もちろん練習問題もあります。American 版には CD がついていて、音声が確認できます。

第2節で良い参考書の基準を述べましたが、この参考書は全てをクリアしています。

 ## 参考書の使い方

参考書の使い方は、まず読んで理解し、練習問題をやって記憶のきっかけを作り、そこで学んだ文型の例文と、新しい単語を記

していくという手順になります。

　どんな参考書を選んだとしても、参考書を使った学習には「Golden rule」があります。それは「絶対に浮気しないこと」。

　参考書にはそれぞれ教え方と順序があります。それに慣れたら、そのやり方を続けることが一番効率がいいのです。

　麻雀で、途中で目指す手を変えると大抵負けるのと同じです。

　不安で、いくつも参考書を買い、少しずつつまみ食いしている人は、まず上達しません。これと決めたら、最後までやり切ること。そして、1つを完了したら、どうしても自分に合わないものではない限り、同じシリーズの1つ上のレベルに取り組むこと。

　これが効率良い参考書の使い方です。学生時代、家庭教師のアルバイトを始めた時、先輩に教わりました。「生徒の部屋の本棚に英語の参考書がたくさんあれば、その子は英語が苦手」と。

　参考書の使い方の細かいコツを1つお伝えします。

　参考書には、練習問題が含まれていますが、この答えは決して本には書かないでください。復習の妨げになります。専用のノートを用意しておいて、答えはそのノートに書きましょう。人は何かの答えを探すとき、自然に様々なヒントを利用して楽をしようとします。だから、教科書の練習問題にも、少しでも答えのヒント（消し忘れた文字など）があれば、さらの状態からの復習ではなく、以前の答えをなぞるだけになりかねないのです。映画やドラマの字幕の話と通じるところがあります。

06 継続のコツはずばり 「やりすぎないこと」

　私は、50年以上語学を勉強してきました。仕事が忙しすぎたりして、休んだ時期もありましたが、基本的にはずっと学習を継続してきました。

　30代で英語とフランス語をマスターした時に、語学は学び続ければいつかは使えるレベルになること、また逆にどれだけ学んでもまだまだ先があることを知りました。

　「継続は力なり」これが一番大切です。

　では、私はなぜ継続できたのか。1つには自分の中で、「それ以上やると嫌になる」手前で学習量をセーブしてきたからです。

　これは、スポーツにも通じるものがあります。スポーツも練習すればするほど上達できます。しかし、練習をやりすぎると、辛いばかりで楽しくなくなってきます。また怪我をして、しばらく練習できなくなることもあります。そして、必要な練習量が確保できなくなり、悪循環になります。

　プロ野球で大成功した選手の一部には、現役を引退すると一切スポーツをしなくなる人がいます。練習には「辛く苦しいことをやらされた」というトラウマしか残っていないからだそうです。

その人も野球を始めた子供の頃は、楽しかったのではないでしょうか。なんか寂しいですね。

　学び続ける中で大事なのは、「楽しい」という感情です。人間、楽しいことは早く吸収できますし、どんどん先に進みたくなります。義務感がつきまとい始めると学習効率も落ちてしまいます。

　私が英語に興味を持ったのは、小学生の時、3歳上の姉が聴いていたアメリカンポップスからでした。レコードから流れる英語の歌詞は、意味はわからないけど、ただひたすらカッコ良かった。
　I love you forever and ever! I'll build a world around you! Never let me go! 自分でもあんな風に喋れたらいいなあと憧れました。
　フランス語に興味を持ったのもやはり音楽から。私が高校生の頃の「フレンチポップス」ブームです。
　当時のレコードには必ず歌詞カードが付いていましたが、英語の知識で読んでもどうも字余りになってしまう。よく聴くと、なんか全部は発音していないようで不思議。でも響きが美しかった。

　語学習得でも、「楽しい」という気持ちを忘れないことが継続のコツです。
　学校や会話カフェで、気の合う仲間が見つかれば、それも楽しみの1つになります。

　楽しい気持ちは、日々の学習でも得ることができます。「あっ、

これってこう言えばいいんだ」「あの時聴いたあの歌詞の意味が
わかった」「ちゃんと発音できた」という小さな達成感です。

日常、「これって英語で何ていうのかな」という問題意識を持っ
ていると、発見はさらに増えていきます。

私の最近のそんな感動の場面は、『愛の不時着』で、主人公のセ
リが自分の会社の社員たちに「今日からセールよ」と言った「今
日から」の韓国語がわかった瞬間でした。

さて、こうして学習を続けていても、中断せざるを得ないこと
もあります。

私の場合は仕事でした。忙しすぎて、ドイツ語学習に割く時間
がなくなったのです。たまに時間があっても、疲れていて勉強す
る気にならない。

そして勉強しなかった自分に嫌悪感を持って、時々無理やり
やってみたりしますが、続きません。

こういうときは、仕事に少し余裕ができるまで思い切って休み
ましょう。ここで無理をすると、先ほど触れた野球選手と同じよ
うな事態になります。

そして、時間と気持ちの余裕ができたら、何事もなかったかの
ように再開するのです。全ては自分の意思と責任でやっているこ
と。誰も咎めません。

継続できているときも、外せない用事に時間を取られ、いつも
の学習ができないケースが出てきます。これも杓子定規にならず、
認めてしまいましょう。次の日に決めた時間だけやればいいので

す。そして、くれぐれも、やらなかった日の分を取り戻そうとしないこと。

　すでに書きましたが、Milestoneも継続に効果的です。試験でも旅行でも短期留学でもいいです。先に目標があると楽しみにして頑張れます。そして、そのMilestoneを迎えた時の達成感もあります。ただしここでもやりすぎないことを常に念頭においてください。

 ## 継続のコツは、習慣化！

　私はドイツ語の単語の復習は朝の通勤電車ですることに決めていました。電車に乗る→Anki（単語学習アプリ）を使って単語の復習をする。自動的に体が動きます。

　人間、新しく何かを始めるには、大きなエネルギーと意志の力が必要ですが、すでに習慣になっていることを続けるのにエネルギーはほとんど要りません。

　記憶の部分は、Ankiに任せておけばいいという安心感も、継続することを後押ししてくれます。

　継続のコツをまとめると、
・1回の学習量を楽しいと思えるレベルに留めておくこと
・楽しい気持ちが続くための工夫をすること
・日々、発見と達成の喜びを見出すこと
・無理になったら中断すること

・Milestoneを作ること

・できるだけ楽になるように、自動化・習慣化をすること

です。

07　暗記は絶対に必要

「英語は1000語（あるいは2000語）でできる」などと主張する人がいます。中高で学習していれば、すでに十分な知識があるので、あとはそれを生かす意識の持ち方だけだと。

確かに、難しい言葉を使わなくとも、表現を工夫することで言いたいことを伝える方法はあります。

「屋久島は年間降水量が多い」を英語に訳すのに、「降水量」という難しい単語を使い、Yakushima island has large amount of **annual precipitation**. などと言わずに、誰でも知っている単語でThey have much rain in Yakushima island. で十分です。

その単語は読めればいいのか？
使えるようにならなければいけないのか？

では、precipitation は知らなくていいかというと、英字新聞をスラスラ読みたい人は、自分で使える必要はありませんが、読んで理解できるほうがいいです。

1000や2000の単語力でできることはなんでしょうか？
せいぜい旅行中に困らない会話程度です。

　新聞は読めるでしょうか、ニュースの内容がわかるでしょうか、小説が読めるようになるでしょうか。難しいと思います。

　文法を完璧にわかっていても、単語力がなければ、空の箱を並べているようなものです。

　英語で小説を読むと語彙の大切さが実感できますが、このことは日本語の推理小説に登場する言葉を考えてみれば、すぐ理解できます。

　「五十嵐刑事は、容疑者の張り込みを再開した。その間に、脳裏には何度も、死体安置所に置かれた被害者の死体が浮かび上がった」という文章では、「刑事」「容疑者」「張り込み」「死体安置所」という教科書にはなかなか登場しない単語が満載です。

　そして、それらの大半を知らなければ、読み進めることは難しいです。

Detective Igarashi resumed the stake-out of the suspect. In the meantime, the image of the corpse of the victim laid down in the morgue, appeared in his mind over and over again.

　記憶しなければならないのは、単語だけではありません。

　文法も様々なイディオムも暗記していなければ読むことも書くことも話すこともできません。

　この文章なら、over and over again がそれにあたります。

　ですから、言語習得には、暗記が欠かせないのです。

では、全ての単語を一律に覚えればいいかというと、そうでもありません。

　先ほどの「刑事」「張り込み」「死体安置所」は恐らくほとんどの人は、使うことのない言葉です。

　これらの単語は、読んで発音と意味がわかればいい種類のものです。

　一方、「再開した」「何度も」「置かれた」「被害者」などは、自分でも書いたり話したりすることができるよう使える記憶にしておく必要がある単語です。

　読んだ時にわかればいい受け身の知識を、私は「passive knowledge」と呼んでいます。

　自分が使える状態に高めるべき知識は、「active knowledge」です。

　この2つの境は、その人の目的、仕事や興味の対象によって変わります。

　一般の人にとってはpassiveでいい「死体安置所」も、あなたがFBIに派遣される予定の警察官ならactive knowledgeとする必要があります。

　そして、日本語を英語に訳すのか、英語の単語を見て、日本語に訳せばよいのか、両方とも必要な単語なのか、その分類によって、記憶の仕方が変わってきます。この点については、第2章で詳しく説明します。

語学のレベルを上げる大事な知識とは?

語学力以外に持っておくべき知識もあります。

それは、対象国の社会・文化的な広範な知識で、「レアリア」と
呼ばれています。

英語の副読本に書かれたアルプスの山小屋の話の1節に "A St.
Bernard walked around the table and sat before the fire." という
一文がありました。

これを友人は「聖人バーナードは、テーブルの周りを歩いて暖
炉の前に座った」と訳しました。しかしこれは実は犬の話。「セン
トバーナード犬が、テーブルの周りを歩いて暖炉の前に座った」
が正しい訳です。

もし、「セントバーナードという犬種がいて、アルプスが原産で
あること」という知識がなければ、どれだけ英語ができても意味
を取り違えてしまうという例です (「文頭にaがあるから聖人の話
ではないのでは」と気づいても犬の話とまではわかりません)。

こういった知識がレアリアです。アメリカの州が全部で50あ
ること、上院と下院があることなど、知らないと新聞も読めませ
ん。

暗記すべきことがたくさんあることがわかったところで、では、
どうすれば暗記という難題を効果的に解決できるかを次ページか
ら見ていきます。

さて、英語の上達に暗記がどうしても必要になることは、理解していただけたと思います。

　しかし、暗記という作業は人気がありません。つまらない、苦痛、そしてなかなか成果が上がらないからです。

　テストをしてみると、「あれっ、なんだっけ、覚えてない！」ということの繰り返しです。

　しかし私は、英語より遥かに複雑なドイツ語を60歳を超えてマスターできました。その過程で、文法や単語、イディオムをたくさん暗記しています。

　ドイツ語は、長い単語が多いことで有名です。その長さは英語の比ではありません。

　最長の単語は、なんと79文字もあります。

Rinderkennzeichnungsfleischetikettierungsüberwachungsaufgabenübertragungsgesetzです。

　牛肉の識別に関する法律の名前だそうです。

　また、名詞には男性・女性・中性の性の違いがあり、性によって使う冠詞や形容詞が変わります。動詞の人称変化、形容詞、冠

詞の格変化など英語には存在しない要素がありますし、2桁の数字は1の位から読むという理解し難いルールがあったりします（29をnine and twentyのように読む）。

それにもかかわらず、覚えられたのは、ずば抜けて記憶力がいいからではなく、Ankiというソフト・アプリに出合ったおかげです。

世の中には、単語を場所に割り振って覚える「Memory palace」や「語呂合わせ」など、記憶術の本はたくさんありますが、記憶ツールは恐らく、何十年もの間、単語帳か単語カードにとどまっています。

単語カードは、私ももちろん使ったことがありますが、これでは暗記できません。受験勉強の後は、使わなくなって、本棚の隅に積まれています。

単語帳と単語カードの最大の弱点は、紙に書いてあるということ。

なので、量に制約があります。試験勉強なら出題範囲の分の単語カードで済みますが、英語のレベルを上げるためには、膨大な量のカードが必要です。持ち歩けません。復習は家に帰ってからに限られてしまいますね。

また、自分の弱点を教えてくれないので、よく覚えている単語も、なかなか覚えられない単語も、同列で復習することになります。効率が悪いです。もちろん発音も確かめられません。

これらの弱点を全てクリアし、さらに単語カードでは想像もできない機能が搭載された「夢のツール」「語学習得の最終兵器」the lethal weaponがAnkiなのです！

　Ankiは、PCとスマホの両方で使えるソフトウエア・アプリで、単語を「問い」と「答え」の組み合わせにして答えていく仕組みです。この形式は、単語カードと同じなので英語ではflashcardsと呼ばれます。「電子単語帳」ですね。

　最初に習った時とは違う環境（教科書から離れて）でテストの形式を使って覚える、単語カードの仕組み自体は、記憶の科学から見て優れているため、Ankiでも採用されているのです。この方式をActive Recall Testingといいます。

　Ankiが紙の単語カードに比べて優れている点は、紙ではなくソフトであること。
　だから、保存する単語の量に制限がありませんし、嵩張ることもありません。どこでも復習できますね。
　また、答えの文字を音声に変換できるので、使うたびに正しい発音を確認できます。

 ## 最強の記憶装置「Anki」の仕組みとは？

Ankiのアルゴリズムは、記憶が消えそうになるタイミングで、復習し、また間を置いて復習すると効率がいいというSpaced

Repetition System（SRS）の考え方に基づいて、設計されています。

　またこれに加えて、ユーザーの記憶レベルを単語ごとに識別する仕組みが組み込まれているので、覚えていない単語ほど頻繁に、だいたい覚えた単語はたまに登場し、完全に覚えた単語は、滅多に出てきません。非常に効率がいいですね。

　Ankiの名前の由来は、皆さんご想像の通り、日本語の「暗記」です。
　作ったのは日本在住経験のあるオーストラリア人のDamien Elmes氏です。
　学習を助ける有名なプログラムに、ポーランド人の記憶学者・プログラマー、Piotr Wozniak氏が作ったSuperMemoというソフトウエアがあります。

　とても洗練されたSRSソフトですが、ロジックが複雑で、そのためパワフルなPCでないと稼働しません。このSuperMemoを元に、スマホでも使えるように、ロジックを単純化し、使いやすくしたのがAnkiです。

　Ankiを中心とするSRSソフトは、アメリカでは暗記ツールとして一般によく知られ、使われています。Ankiは、2010年にその頃全米で大人気のテレビクイズ番組Jeopardy!で、歴代最高の賞金を獲得した青年が、様々なトリビアを覚えるために使ってい

たことで、一気に有名になりました。

　単語カードは、誰にでも作ることができます。Ankiは世界中で使われているので、様々な人が自分の作ったカードのセット（「デッキ」と呼びます）を無料で公開しており、ダウンロードして使うことができます。地名や医学など多様なジャンルがありますが、言語は、人気ジャンルの1つで、様々な言語と英語の組み合わせをはじめとして、数多くアップされています。

　今回、この本を書くにあたって、私は、北米で最も使用頻度の高い順に、3000語を網羅したデッキを作りましたので、是非活用してください。詳細は第2章でご説明します。

　私が複雑なドイツ語をマスターできた秘密をご理解いただけましたか。
　Ankiがあるので、歳をとっても安心して語学マニアの道を探究し続けるつもりです。
　今は、韓国語に挑んでおり、次は中国語と決めています。

Anki PC版のダウンロード画面

09 4技能習得の コツとツール

　さて、英語には一般的に4つの技能があると言われています。

リーディング、ライティング、リスニング、スピーキングです。

　これらの技能を高める方法を考えるために、まずそれぞれの特性を理解するところから始めましょう。

　この4つは、受動的か能動的かという軸で見ると、リーディング・リスニング vs ライティング・スピーキングに分かれます。

受動的とは、与えられた文章を読み・聴き、内容を理解することで、受け身で行う行為を指しています。反対に能動的とは自分で文章を考えて書き・話すことで、自分から作り出す行為を指します。

　受動的な技能であるリーディングとリスニングを比較すると、リーディングの技能がなければ、リスニングは不可能なことがわかります。書いてある文章の意味がわからなければ、それを読み上げた音が聴き取れても理解はできないからです。

　受動的な技能については、学習・練習する機会が豊富にあります。参考書、ネットにあふれる情報はリーディングの格好の材料です。

　また、音声ファイルやニュース・ドラマ・映画・ドキュメンタリーなど、リスニングの材料にも事欠きません。

　能動的な技術同士も関連があります。文章を作り出す能力がなければ、スピーキングはできないからです。文章を考える時間のあるライティングができて初めて、一瞬で文章を作って話すスピーキングができるようになります。ただし、反射的に行う、挨拶などは例外です。

　能動的な技術を高める機会は限られます。
　ライティングは、参考書の練習問題くらいしかやるチャンスがありませんし、スピーキングに至っては、会話学校などに通っていない限り、なかなかできません。

　また、文字を媒介にするのか、音を媒介にするのかを考えると、リーディング・ライティングvsリスニング・スピーキングの2

受動的　　　　能動的

リーディング　　ライティング
ネット、参考書　　参考書、添削サイト

文字を
媒介にした
技能

リスニング　　スピーキング
ニュース、ドラマ、映画、　会話カフェ、タンデム
ドキュメンタリー

音を
媒介にした
技能

つに大別されます。

　それぞれのグループで、練習する前に必要なことがあります。

　文字媒介の2技能では、様々なスペルのルールや例外を体得しておくことです。

　一方、音媒介の2技能では、まずは日本語より遥かに種類の多い英語の音を正確に聴き取るスキルが必要になります。

リーディングスキルはこう磨く！

ではまず、私が考えるリーディングの練習方法から。

参考書や学校の授業で習った文型や表現の短文をたくさん読んで、頭の中に様々なパターンを刻み込みます。この際大事なのは、日本語に訳そうとしないことです。

　日本語と英語の大きな違いは、語順です。英語を日本語に訳そうとすると、日本語として意味をなす語順に入れ替えなければならなくなります。

I love Rock 'n' Roll. を「私はロックンロールが大好きだ」と訳さないで、頭の中で、「私は、大好きだ、ロックンロールが」と語順のままに理解するのです。

　文型がある程度頭に入ったら、次はより長い文章に挑戦します。

　この際、英語の語順をそのまま理解するクセが更に力を発揮してくれます。というのも、英語は、ある言葉に対する説明が、後

ろにどんどんつながってくることの多い言語だからです。

I love Rock 'n' Roll which cheers me up whenever I am down.

<u>No good</u> 「私は、自分が落ち込んでいる時いつも私を元気づけて
くれるロックンロールが大好きだ」

<u>Good</u> 「私は、大好きだ、ロックンロールが、元気づける、私を、
いつでも、私が落ち込んでいる時」
　このクセは、リスニングでも効果を発揮してくれます。

　「複雑な文章でも１つまでなら読める」ところまで到達したら、
次は、ネットニュースの記事などで、冒頭の３行程度を読む練習
が効果的です。英語のニュースは（英語の文章はどんなジャンル
でも基本的に）、最初の３行程度に要旨が凝縮されていますので、
内容自体への興味が満たされます。
　次に前に紹介した『Charlotte's web』のような簡単な英語で書

英語の語順のままに理解する

短文をたくさん読む

より長い文章をたくさん読む

ネットニュースの記事などで冒頭の3行を読んでみる！

かれた小説に進み、最終的には、大人向けの一般的な小説が楽しめることを目指します。

　私は、英語の習得と楽しみを兼ねて、小説をたくさん読みました。簡単な英語で書かれた小説にまず挑戦しましょう。

 ## リスニングスキルはこう磨く！

　リスニングで重要なことは、2つ。1つ目は、英語の音を理解して捉えられるスキルを磨くこと。そのためには、34ページで紹介した発音の参考書で、発音自体を理解して覚え、自分でも発音できるようにしてください。
　2つ目は、英語の音を聴き取る技術を高める参考書で勉強することです。ここで目指すのは、理解できなくても音は把握できるというレベルです。
　このジャンルの参考書では、『イングリッシュ・ドクターのTOEIC L&Rテスト　最強の根本対策　PART1&2』（西澤ロイ著　実務教育出版）をおすすめします。

　「まずは意味を考えずに音を聴き取ることに集中し、次にそれを文字に変えて、最後に意味を理解する」という3ステップの考え方が非常に優れています。
　ステップ2で、発音とスペルの関係の理解が役に立ち、ステップ3ではリーディングの技能が力を発揮してくれます。

著者は、聴き流すのではなく、スクリプトで確認する必要性も唱えていて、私はこの点も大賛成です。

この参考書を終えたら、スクリプトのある英文をたくさん聴く練習をしましょう。

英語として聴き取りやすい素材を順番に挙げてみましょう。

まず、コマーシャルです。特にアメリカのものは、知識と英語のレベルが人によって異なる大衆を対象に作っているので、とても聴き取りやすいことが多いです。ただし、スクリプトはありません。

次は、ニュースです。メジャーなニュースサイトの英語もありますが、やさしい英語で専用に作られたサイトがあります。

いずれのサイトも、1記事200語程度で読みやすく、聴いた内容をテキストで確認できます。

「News in Easy English」(URL: https://newsineasyenglish.com/) は、政治や社会の最新ニュースというより、文化や科学のトピックスを取り上げるサイトです。「フレンチアルプスに立つお城」「南極の隠れた谷」「450万ドルの絵画」といった記事が載っています。難易度は記事ごとにアメリカの学年で表示されています。

シャドウイング専用のタブが用意されていて、オン・オフの手動・自動切り替え、スピードの切り替えなどができます。最近はあまりサイトが更新されていませんが、記事のストックは十分あり練習に使えます。

「News in Levels」（URL: https://www.newsinlevels.com/）の最大の特徴は、同じ記事を異なる難易度レベルで3種類掲載していることです。それぞれに音声ファイルが付いています。記事は、タイムリーだったり、ちょっと面白いものだったりが中心。

「新型コロナワクチン形のケーキ」「飛行機事故の原因究明」「イランで拘留されたジャーナリスト」などが掲載されています。

「Breaking News English」（URL: https://breakingnewsenglish.com/）は、British Englishです。

こちらも同じ記事が4つのレベルで掲載されています。内容は、「K-POPにアメリカのレコード会社が出資」「耳の大きさが最大の動物を発見」「UKのイエメン援助中止」と多彩です。それぞれのレベルの記事について、5つのスピードの音声が用意されています。

映画やドラマは総じて難易度が高いと言えます。

というのも、ニュースがロジカルな説明なのに対し、映画やドラマはセリフによって展開を理解しなければならないからです。

その中でとっつきやすいのは、セリフが少なくて短く、ストーリーが単純なディザスター映画やアクションもの。少し例えが古いですが、『インディペンデンス・ディ』や『ディ・アフター・トゥモロー』『トランスポーター』のシリーズなどです。

一番難しいのは、コメディーです。現地の社会文化の深い理解と最新の時流を知らないと、面白さが理解できません。

それでも『ビッグバン・セオリー』は、わかる部分だけでも笑えますので、一度お試しください。

英文を聴く素材

コマーシャル

大衆がターゲットのため、誰もがわかりやすい言葉で説明されています。

ニュース

やさしい英語のサイトがおすすめです!

「News in Easy English」「News in Levels」「Breaking News English」など。

映画・ドラマ

セリフが短く、ストーリーが単純なディザスター映画やアクションものがおすすめです!

『インディペンデンス・ディ』『ディ・アフター・トゥモロー』『トランスポーター』など。

 ## ライティングスキルはこう磨く!

　ライティングは、参考書からスタートです。文型や表現を習ったとき、練習問題に加えて、それらを使った文章を作ってみましょう。自由な作文の問題が出題されていたら、それを積極的に活用しましょう。

　日記を書くのもおすすめです。毎日でなくとも、書きたいことがある日に3行程度で書いてみましょう。書きたいことは、しばしば、自分の表現できる範囲を超えてしまいます。映画を観て、「主演の誰々が」と書こうとしても単語がわからないとか、「何度も涙が出た」はどう書いたらいいのかとか。これが自分の表現力

を高めるチャンスです。

　ちなみに私の2021年3月12日の出来事を書いてみると、

2021年3月12日（金）
家の近くの川の土手でインラインスケートの練習をした。
イギリスのインストラクターの止まり方のビデオレッスンを受けた。
「後ろ向きのパワースライド」ができた時はとても嬉しかった。

Friday 12, March 2021
I practiced inline skating on the river bank near my home.
I took a video lesson by a British instructor about how to stop.
I was quite happy when I succeeded in "Backward powerslide."

　しかし、適当に書いても正しいかどうかわかりません。これを解決してくれるのが、以下の「Grammarly」や後述する「HiNative」などの添削サイトやソフトです。

　Grammarly（URL: https://www.grammarly.com/）でこの文章をチェックしてもらうと、river bankは1つの言葉riverbank（土手）だと修正が入りました。

　SNSをやっている人は、英語で投稿するのも良いかと思います。外国人の友達からコメントが入れば、さらにやる気が出ますし、返信して会話を進めることもできます。

スピーキングスキルはこう磨く！

　これには、自分が話す純粋なスピーキングの練習と、会話の準備の2つがあります。

　自分が話すためには、参考書の短い会話などをステップを踏んで練習しましょう。
　テキスト・参考書を見ながら会話を聴く、テキスト・参考書を見ながら会話の後について話す、音声だけを聴いてシャドウイングする、の3段階です。

　スピーキングでは、よく知っているはずの単語が出てこないことがあります。最初は特に会話に慣れておらず緊張するので、しばしばこの状態になります。
　解決策は、基本的な単語を、時間を区切って反射的に答える練習です。185ページで詳しく説明します。

　会話では、まず基本となる挨拶を反射的に言えるようにしましょう。
　会話は、テニスに似ていて、ボレーのような反射神経でのやり取りと、ラリーのような内容を吟味しての発言の2種類でできて

います。

　ラリーは、総合的な実力が問われますが、ボレーは、反復練習で習得できます。Hello. とか、How are you? とか、Thank you! とか、その答えの I'm fine, how are you? や You're welcome. など、当たりまえのことでも練習しておかないととっさに出てきません。

　次に、自己紹介です。これも何度も練習して覚えてしまいましょう。場数を踏めば、複数のバージョンを使い分けることもできるようになります。ここで言い慣れたフレーズは、普通の会話でも役に立ちます。
　例えば、

Hello, nice to meet you. My name is Koichi. I am a high school teacher. I teach Japanese.　I started learning English because I want to travel around the world in a couple of years.

というような感じです。
　ただ事実を連ねるだけでなく、次の話題につながる自己紹介なら理想的です。この例なら、相手は Where do you want to go first? とか、I recommend you go to Prague. とか、Can you please teach me Japanese? とか、相手が聞きたくなり、話が広がります。そうしたらその答えも練習しておけば、いいですね。

　これに加えて、私が留学時代に試したのは、ジョーク、短い小

咄やエピソードです。

　会話の中では、自分が少し時間をもらって話せるチャンスが巡ってくることがあります。この時に話すネタを用意・練習しておいて、実行するのです。

　フランス留学時にカナダ人の友達が得意にしていた、"Watch for rocks" という話を紹介しますね。

A Japanese man was walking on the path along a steep cliff and saw a warning sign which said, "Watch for rocks!" He suddenly stopped there and started waiting. After several hours, a small piece of rock fell down from the cliff. He picked it up and reported to the national park office. He claimed "Here is a rock. Now, where is my watch?"

　ひとりの日本の男が急な崖に沿った小道を歩いていて注意書きを見た。そこには「岩に注意！」と書かれていた。彼は突然そこに止まり、待ち始めた。数時間後、小さな岩が1つ崖から落ちてきた。彼はそれを拾い上げると国立公園事務所に駆け込んだ。彼は要求した「ほら岩だぞ。俺の時計はどこだ？」

＊動詞watch「注意する」と名詞watch「時計」を取り違え、注意書きに「岩と交換に時計を進呈」と書かれていると勘違いした。

　登場人物が日本人なのは、私をからかうためだと思います。

I started learning English because
I want to travel around the world
in a couple of years. など、この後
の話が広がる内容をいれましょう。

How are you?

挨拶
基本のフレーズを
覚える

自己紹介
展開する内容を
複数パターン練習

ジョーク・エピソード
自分に順番が
回ってきたら
話すネタを用意！

I'm fine,
how are you?

会話では、まず基本となる挨拶を反射的に言える
ようにしましょう。
重要フレーズを暗記して、すぐにボレーのように
打ち返しましょう。

10 あなた自身が 最高のコンテンツ

　外国人と話をすると、様々なことについて意見を聞かれること
があります。

　政治・社会・芸術など勉強していないと、聞かれて困る場面も
あります。

　そういったことについてあまり考えたことがないし、ましてや
意見などないという人も多いのではないでしょうか。

　そもそも日本人同士の会話で、社会問題や文化に関して意見を
交わす機会は極端に少ないですから。

　しかし、挨拶や天気、最近話題の有名人以外に話す内容がない
のでは、会話は続きません。英語で会話する機会ができたら、そ
れをきっかけに、関心のスコープを広げてみてはいかがでしょう。

　あなた自身の中に、会話のコンテンツをため込むのです。

　聞かれて困ることのトップは、結構日本に関連することだった
りします。日本に来ている外国人は、日本に関心の深い人が多く、
特定のテーマについては日本人以上に詳しい人もいます。ですか
ら言葉、習慣、地理、歴史などに知見を持ち、自分なりの見解が
あるといいですね。

外国人に聞かれたことは すぐにネット検索して返す

　最近、日本在住のフランス人の若者にこんなことを聞かれました。

　「日本の住宅は何でこんなに断熱性能が低いの？」

　そう言われれば、パリで住んでいたアパートは、極々普通の建物でしたが、温水による全館暖房だけで、真冬でも室内は薄いシャツ1枚でOKでした。

　一時憧れの対象だった「セントラルヒーティング」という言葉も日本ではついぞ聞かなくなりましたね。

　これについてすぐにネットで調べたら、日本の住宅の外壁の厚さの基準が国際水準の半分であることがわかりました。窓の断熱基準では、韓国・中国に大きな差をつけられています。そして、日本のサッシメーカーは、海外にはその国の基準を満たした製品を供給しているのです。

　また、外国人になったつもりで、日本をもう一度眺めてみると、知らないことがたくさんあることに気づきます。

　例えば、日本には、水田が至る所にあります。アジアの一部地域以外では見られない光景ですが、なぜこんなに水田が多いのか説明できますか。畑は1年作物を育てたら次の年は休ませますが、水田は毎年同じ場所で収穫できます。なぜでしょうか。

　お寺と神社もたくさんありますが、違いはわかりますか。お寺と神社がすぐそばに並んでいることが多いのはなぜでしょうか。仏教には宗派があります。では、神社に稲荷神社、諏訪神社など違う名前がついているのはどうしてでしょうか。

　漢字について、都市計画や、漬物について説明できますか。

　こういったことが説明できたりすると、意見が合うこともあるし、全く違う見方を紹介できたりすると、一気に仲良くなれることもあります。

 ## 興味のある国の情報をインプット

外国人の関心の元には、自国の状況との比較があるので、外国についても一定の関心を持っていると、自国のことを考える基本になります。

　各国のニュース番組が代わる代わる登場するNHKの国際ニュースは、その国の現在の関心事がわかって面白いし、役に立ちます。日本語なので、わかりやすいです。

　私は、国際ニュースの各国のアナウンサーに注目しています。

　フランスはすごくおしゃれで、ドイツは厳格な感じがし、アメリカはいかにもやり手で、体形や服装を含めて、それぞれどういう人が人気か、何となくわかります。アメリカでは、女性も声が低いほうが人気だったりします。

内容は全部わからなくとも、外国の放送局のテレビニュースもいいですよ。

　私は、海外出張の際、朝起きると BBC World を流しっぱなしにしていました。

　アジア、ヨーロッパのどこの国でも、ホテルのケーブルテレビに必ず入っています。

　毎日同じ番組を見ていると、アナウンサーも同じ人が繰り返し出てくるので、慣れて聴き取りやすくなります。

　日本にいるなら、海外のメジャーな新聞のウェブ版が役に立ちます。最近は有料記事が多いので、ちょっと注意が必要です。

　The New York Times（URL: https://www.nytimes.com/）は有料記事が多いですが、USA Today（URL: https://www.usatoday.com/）ならほとんどの記事が無料で読めます。

　もちろん、61ページのリスニング練習で紹介した、簡単な英語で書かれたニュースサイトもおすすめです。

ニュース名	メリット
NHK 国際ニュース	日本語のため国際情勢がわかりやすい
BBC World	毎日同じ番組を見ていると、同じアナウンサーが出てきて、発音に慣れて聴き取りやすくなる
USA Today	大手新聞のWeb版。無料で多くの記事が閲覧できる

11
早めに
その国に行っておこう

　英語を習得して、行きたい、または行かなければならない国が決まっているなら、早めにその国に一度行っておきましょう。

　英語はGlobal languageと言われますが、同じ言語が世界に広がっているのではなく、様々なローカルバージョンが展開されているのが実態だからです。

　私は、若い頃は、仕事でアメリカ担当をしていて、40代後半になってからアジアに行くことが増えました。広告の制作で初めて香港に行った時は、現地の人の英語が全くわからず、困ってしまいました。

　同行したアジア担当の女性の社員は、問題なく理解している様子でした。

　彼女より自分のほうが英語ができる自信がありましたが、この時は、彼女が通訳でした。

　あとでわかったのは、発音に独特の癖があること。

　例えばJulyの発音はほとんどjunaiになりますし、eightyはgも発音します。

　思い返せば、1977年の夏休みに行ったスコットランドの英語も

癖がありました。

　6週間通った語学学校で初日に習った表現Do you fancy?（Would you like?）には、聞いたこともない言い回しに椅子から転げ落ちそうになりました。

　インド人の英語も苦手という人が多いですね。単語も文章も尻上がりの発音です。

　Indiaは、Inで低く入り、diaで音が高くなります。

　インド人は、話が長いですが、その中には儀礼的な表現がたくさん含まれており、要約すると内容が短いこともしばしば。

　メールの文章でも同様で、your good selfやyour respective companyなどの表現に加え、「御社のお陰で」的な古色蒼然とした表現も使われます。

　現地に行っておけば、言語に慣れることと同時に、その国の常識にも、用語にも触れることができます。

　例えば、数字の単位は、英語やヨーロッパの言語では統一的に、十、百、千、百万、十億、兆となります。日本人はこれが苦手です。

　理由は、日本人が使っている中国の数字体系では、千の次には万があるので、千を基準にしたten thousandやone hundred thousandはとりわけ使いにくいのです。

　我々にとって億の次は兆まで単位がないので、単独で十億を表すbillionも使いにくいですね。

まずは、これに慣れることが大切です。

しかし、インド文化圏に行くなら、さらに全く別の数字体系があることを知っておかなければなりません。

千の次は10万でその次は1000万です。それぞれlakh, croreと言います。インドの100万は、one millionではなく、あくまでten lakhsなのです。

翻って考えれば、日本では100万つまりone hundred manなわけです。

湾岸諸国や太平洋の島々では、ビジネスの中核はインド人が占めていますので、これらの国に行く際も、インド英語は重要になります。

私は、1年半ほどオーストラリアにも駐在しました。

オーストラリアでは、eiの発音はおしなべてaiになります。典型的な朝の挨拶は Good day, mate! 発音は「グッダイ　マイト」です。あなたも、オーストラリアに行ったらまずこれをかまして、「コイツ分かってるな」と印象づけましょう。当時小学校1年生だった息子は、「独特の」発音にすぐなじみ、毎朝スクールバスに乗る時元気よく Good day, mate! と叫んでいました。娘も幼稚園で Aussie English の洗礼を受けました。「ライチューというポケモンみたいな子がいる」というので、よく聞くとその子の名前はRachel、一般的に言うと「レイチェル」でした。A, B, C は「アイ、ビー、シー」、7, 8, 9 は「シーヴェン、アイト、ノイン」と

まるでドイツ語です。

　言語にとどまらず、その場所の雰囲気や習慣、常識も実際に行って初めて感じられるものです。
　初めてニューヨークに行った時は冬でした。日本では見たことのないskyscraper（超高層ビル）が連なり、空はほんのひとかけらしか見えません。日差しが届く場所は滅多にありませんでした。
　その当時はBLTサンドイッチが流行っていました。

　習慣の変化も肌で感じられます。
　地下鉄でも街角でも、会話が飛び交っていましたが、2013年に行った時は、誰もがスマホを眺めていて沈黙の世界でした。

　香港の地下鉄では、多くの人が携帯で通話しています。昔からネットワークがつながっていました。駅に着くと我先に降りようとしますが、乗車する客は、降車する客を待ったりしませんので、いつも大混乱です。

　英語に少しでも慣れたら、海外に飛び出して、違和感と好奇心につかりましょう。
　この先行く予定の国があれば、目的地はまずその国です。

CHAPTER

2

ツールを使い倒す!

安い・便利・使えるツールはたくさんある!

12 まずは、自分が苦手な単語を知ろう！電子単語カードAnkiの基本

　CHAPTER1では英語学習における暗記の大切さと難しさを説明しました。

　そして、それを解決するAnkiというソフト・アプリを簡単に紹介しました。

　私は、複数の語学を学ぶ中で、単語をノートに何度も書いたり、単語カードを作ったりして覚える努力をしてきました。しかし、継続することはできず、効果も出ませんでした。

　それが、7年ほど前にAnkiに出合ってから、大きく改善されたのです。

　ではそのAnkiの基本を説明します。

　Ankiを一言で言うと「電子単語カード」ということになります。

　紙の単語カードをPCやスマホで使えるようにしたものです。

　ちなみに単語カード／単語帳は、英語ではflashcardsと呼びます。

　Ankiには、スマートフォンのアプリとPCのソフト、そしてウェブサイト版があり、これらを同期して使うのがベストな活用法です。

Ankiでは、紙の単語カード同様、「問題」と「解答」のカードを作ります。

カードは、他のユーザーが作った既存の単語帳を使うことも、自分で作ることもできます。

自分で作ると、自分が必要な単語だけを登録できる利点がある一方、カード作成に手間がかかります。

Ankiは世界中にユーザーがいるソフトなので、様々な単語帳が作られていて、専用のサイトにアップされています。自分の用途に適した単語帳をダウンロードし、不要なものを削除し、さらに学習中に出合った単語や必要な単語を自分で追加していくのが、一番いい方法だと思います。私が作成した「北米で最も使われる3000語」（ファイル名 Fast_Track3000）も活用してください。

Ankiは、入力する情報量に制限がなく、文字、発音、画像が入れられます。

これを利用してあらゆる単語情報を登録することが可能です。

Google Translate、OS X Speech Synthesis などのネイティヴ音源を使って音声を入力できるので、正しい発音が確認でき、記憶の強化にも役に立ちます。

スペースの制限がないので、例として文章やイディオムも入れられます。

スペルの覚えにくい単語は、解答を文字入力するように設定することもできます。

問題に画像を使えば名詞を覚えるときに効果的です。

1つのソフトの中に複数の単語帳を作ることもできます。例えば観光用語とビジネス用語、覚えにくい単語、イディオム専用、英語以外の言語などです。

　一度入力した内容を編集することも簡単です。
　誤入力を修正したり、覚える内容を変更したりする際に便利です。

　人間は1日に覚えられる量に限界があります。
　Ankiではこれを考慮して、1日に出題する新しい単語は20個までに制限されています（設定変更可）。

　Ankiでの学習中、解答カードの最下部には、その問題の難易度を選ぶボタンが表示されます。次のカードに進むには、ボタンを選んでタップしなければなりません。
　その単語を全く覚えていないか、解答に到達するのが難しかったか、普通だったか、それとも簡単だったかを選ぶことで、そのカードが次に登場するまでの期間が決まります。

　その結果、自分にとって覚えるのが簡単な単語は滅多に登場せず、困難な単語は頻繁に出てくる。このため簡単な単語に無駄に時間をかけず、難しい単語を集中的に覚えることが可能なのです。

　AnkiのAndroid版、PC版、ウェブ版は全て無料です。
　残念ながら、iPhone版のみが3060円（税込）となっています。

　これは開発者のDamien氏がPC版を無料で公開した後、iOSバージョンを作り、これだけに課金して収入源としたためです。私は、この内容でこの価格はとても安いと思います。iPhone版にしかない便利な機能として、全カードのテンプレートに同じソースコードを入れておけば、iPhoneが音声を再生してくれるというものがあります。

　Android版は別の人たちが開発して無料で公開したそうです。

Ankiの
最強使い倒しテクニック！

　単語カードが、暗記方法として効果的なのは、教科書で習った単語を教科書そのもので復習するのではなく、単語カードという別の環境に移し、クイズ形式で覚えるから。この仕組みをActive Recall Testing（ART）と呼びます。

　教科書で見たときは、その単語を覚えていたのに、テストに出ると答えられなかったことはありませんか。なぜ、こんなことが起きるかというと、教科書を見ているときは、出てくるページや文脈など教科書の中の様々な要素をヒントにして答えを引き出しているからです。その単語をきちんと記憶できていないことになります。それらのヒントがない環境に単語を移してクイズ形式で復習し、本当の記憶につなげるのがARTです。

　ARTと共に暗記に効果的と言われる方法がSpaced Repetition System（SRS）です。

　人間の記憶を強化するには、習ってから一定時間が経ち、忘れかけたところで復習するプロセスを繰り返すのが一番効率的だという理論です。

　Ankiは、ARTとSRSを使いやすい形で実装しています。

　さて、Ankiを理解して使いこなすには、その独自の用語を知っておく必要があります。ここからは様々な用語を紹介しながら、

さらに詳細を説明していきます。

　単語カードのひとまとまりである単語帳は、デッキ（Deck）と呼ばれます。

　Ankiの中に複数のデッキを作ることができます。例えば、自分の仕事に関連した専門用語のデッキや趣味に関するデッキ、資格試験向けのデッキ、苦手な単語のデッキ、格言に特化したデッキ、あるいは私のようにフランス語、ドイツ語、韓国語のデッキなどいくつでも自由に作れます。

　この画像で、並んでいるひとつひとつがデッキです。

デッキ
いろいろなデッキを作れる

	User 1 - Anki			
	追加　検索　統計　同期			
デッキ		**期日**	**新規**	
COCA_test		19	20	☼
Fast_Track 情報源：www.wordfrequency.info		0	0	☼
Reaction		3	0	☼
TOEIC for Japanese Speakers		4	20	☼
チュートリアル単語帳		20	20	☼
テスト		3	20	☼
デモ		0	8	☼
ドイツ語		100	3	☼
フィルターデッキ１		6	0	☼
反射		65	0	☼
英語		94	20	☼
한국어		100	20	☼

今日は0枚のカードを0秒で学習しています (0秒/枚)

共有デッキをダウンロード　デッキを作成　ファイルを読み込む

1つの単語や表現を扱う単位は、ノート（Note）と呼ばれます。

ノートは、物理的な単語帳のカードとは少し違います。というのも、1つのノートから2枚のカードを作ることもできるからです。ノート＝カードの場合とそうでない場合があることになります。

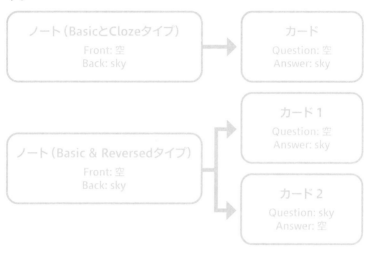

自分の学習の目的に合わせて、それに適したカードを定義していくのがノートタイプ（Note type）の選択です。自分でカードを作る際は、下記3タイプの中から1タイプを選びます。

ベーシック（Basic）は、1つのノートに1枚のカードです。例えばmountainと聞かれて、山と答えるカードです。

　ベーシック＆リバース（Basic & Reversed）は、英語→日本語と日本語→英語の2枚のカードを一度に作ってくれるノートタイプです。

　読んで意味がわかればいいなら、ベーシックにして、英単語を問題、日本語訳を解答としますが、読んでわかり、書くことも話すこともできるようにする単語は、逆方向も作ります。例えば、mountain→山というカードと、山→mountainというカードの2枚です。

　ノートから生成されるカード（Card）は、問題と解答一対ですが、問題と解答という言葉は使わず、フロント（Front）とバック（Back）と呼ばれます。Basic & Reversed Card［画面表記はBasic（and reversed card）です］の場合、問題と解答が入れ替わるので、QuestionとAnswerとしてしまうと混乱するため、こんな用語を使っているようです。

例えば、A plane flew … the town.「飛行機が町の上を飛んで行った」の…部分にoverを入れる問題なら、overの意味と機能を同時に覚えられます。また、day in, day out「来る日も来る日も」というイディオムの場合、日本語から英語、英語から日本語の両方向のカードを作ってもいいですが、2回登場するdayを空欄にした穴埋め問題 … in, … outならさらに覚えやすくなります。

スペルがなかなか覚えられないときは？

私の場合は、congratulationがスペルを覚えられない単語の1つでした。どちらがrで、どちらがlかコングラがってしまうのです（笑）

これを解決したのが、タイプインカードです。問題を日本語の「祝福」にして、解答の英語は、キーボードからcongratulationと自分で入力します。

14 ライバルと差をつける！ Anki使用の準備

　Ankiを使い始める前に、まずスマホ版、PC版のインストールが必要です。

　加えて、ウェブ版に登録して自分のページを作ります。

　この3つを併せて、私は、Anki Ecosystemと呼んでいます。

　"Ecosystem"は最近よく聞く言葉です。ecology「生態」とsystem「仕組み」を組み合わせた言葉で、「生態系」と訳されています。

　しかし、今では自然だけでなく、社会のあらゆるものについて、複数の要素が組み合わさって1つの機能を果たす仕組みを表します。

　普段学習に使うのはスマホ版だけなので、PC版やウェブ版は必要なさそうに感じますが、既存のデッキのダウンロード、単語登録、編集といった操作にはPC版が不可欠ですし、スマホの紛失時、PCの故障時のバックアップのためには、ウェブ版が必須です。

　この3つを全て同期して使えば、英単語暗記という目的を達成するEcosystemが完成するというわけです。

ここでいう「同期」は、入力した単語データにとどまらず、最新の学習記録も含みます。

　例えば、スマホを使った今日の学習でsuspicionという単語を復習し、解答が簡単にわかったというボタンを選んでいれば、学習後に同期をかけておくことで、この学習記録もウェブに保存されます。

　そして、今日以降の学習でいつこの単語が再登場するかが計算されるのです。

　次にPC版を立ち上げた時、PCのデータも自動的に同期されます。

Anki Ecosystem

ウェブサイト

追加した
単語

追加した
デッキ

既存デッキ

学習記録

追加した単語

スマホ

パソコン

　まず、毎日の学習に一番使えるスマホ版からインストールして使ってみましょう。

　スマホ版は、AppleのApp StoreかAndroidのPlayストアで、Ankiを検索すると、それぞれAnkiMobile Flashcards、AnkiDroid Flashcardsがヒットしますので、インストールします。

　AnkiMobileは3060円かかりますが、AnkiDroidは無料です。

　次に、PC版をインストールしましょう。

　下記のサイトでソフトをダウンロード・インストールします（URL: https://apps.ankiweb.net/）。

　最後に、ウェブサイトに行って登録します（URL: https://ankiweb.net/）。

　ここで登録したメールアドレスを、PC版はAnkiメニュー → Preferences → Networkで、スマホ版では左上のハンバーガーメニュー → 設定 → 一般設定から登録すれば同期の準備完了です。

　Ankiのスマホ版またはPC版に新規の入力をしたり復習したりした後は、必ず毎回「同期」（Sync）ボタンを押して同期を取ります。

　左の画像の右上、円形矢印が2つ組み合わさったボタンです。

同期はスマホ版から行う場合も、PC版から行う場合もウェブに対して行います。AnkiWebがEcosystemの中心、ハブだからです。

　Ecosystemに是非加えておきたいのが、音声を追加するためのアドオンAwesomeTTSです。これについては、98ページで詳しく説明します。

15 「北米で最も使われる 3000語」を使って 学習する

　ソフトの準備ができたので、いよいよ「北米で最も使われる 3000語」をダウンロードします。

　まずは、PC版のAnkiを立ち上げ、Wi-FiやLANなど接続がある状態で、Ankiのスタート画面で「＋」ボタンを押し、「共有デッキをダウンロード」を選びます。

User 1 - Anki		
デッキ　追加　検索　統計　同期		
デッキ	**期日**	**新規**
COCA_test	19	20 ✿
Fast_Track 情報源：www.wordfrequency.info		✿
Reaction	3	✿
TOEIC for Japanese Speakers	4	20 ✿
チュートリアル単語帳	20	20 ✿
テスト	3	20 ✿
デモ		8 ✿
ドイツ語	100	3 ✿
フィルターデッキ 1	6	✿
反射	65	✿
英語	94	20 ✿
共有デッキをダウンロード　デッキを作成　ファイルを読み込む		

　すると、ウェブ版のAnki、AnkiWebのダウンロードページにつながります。

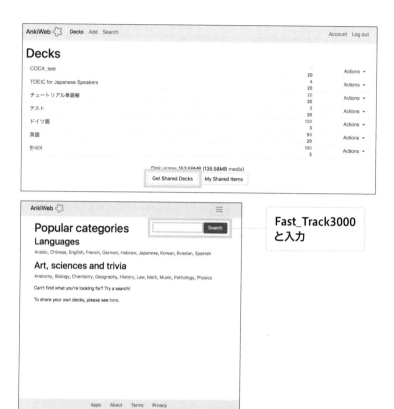

ここで左下のGet Shared Decksをクリックすると、デッキの検索画面が登場しますので、右上の入力欄にFast_Track3000と入力して、表示されるデッキをダウンロードします。

PC版にダウンロードできたら、次は、各デバイスの同期です。PC版で同期ボタンを押せば、このデッキはウェブ版にアップ

ロードされ、次にスマホ版を立ち上げて、同期ボタンを押せば、全てのデバイスに新しいデッキが組み込まれます。

　スマホに最初に同期する際は、ダウンロードされるデータ量が多いので、自宅などのWi-Fi環境で行うことをおすすめします。

　日々の学習を開始する前に、デッキの中身を見ておきましょう。

　PC版を立ち上げて最初に出てくる画面から「検索」をクリックすると、ブラウズ画面が表示されます。

　3000語のうち、前置詞や接続詞といった「機能語」は、穴埋めタイプ（Cloze）です。フレーズの空欄部分を解答します。

　形容詞、副詞、動詞、名詞は、Basic & Reversed Cardです。英語を見て、日本語の意味を答えるカードと、日本語を見て、それに相当する英語を答えるカードの両方向があります。

　クローズでもベーシック＆リバースでも、カードには英単語と例文の発音が含まれていて、解答を見ると再生されます。

　ざっと見て、意味もスペルも発音も問題なくマスターしている単語は削除してください。

　ではいよいよ学習開始、トップ画面から学習するデッキをタップすると、その日の学習がスタートします。

　開始画面の下には、その日の学習にかかる時間が表示されます。

Ankiの初期設定では、毎日復習する前提で、1日に習う新しい単語の上限が20個までとなっています。変更は可能ですが、あまり詰め込むとうろ覚えの単語が増えてかえって非効率になります。

　問題の解答を考え、わかったら画面下の「解答を表示」をタップします。

　解答画面は、上段に問題がリピートされており、下段が解答です。

　画面下に並んでいるボタンが、Ankiの優れた仕様の中核となる難易度ボタンです。

　解答がわからなかった場合は一番左の「もう一度」、わかったけれど思い出すのに苦労した場合は次の「難しい」、普通に思い出せ

たら次の「普通」、即座に思い出せたら一番右の「簡単」を選びます。

それぞれのボタンには、例えば「もう一度」なら「1分」、「簡単」なら「4日」などの期間が書かれています。これは、このカードが次に登場するまでの期間を表しています。

同じカードを同じように「簡単」と判断しても、そのカードをすでに何度も学習していると、表示される期間は次第に伸びていきます。

最初は1分、10分、4日と短いですが、何度も学習しているうちに3か月、1年、5年と次第に長くなります。また、途中で忘れてしまい、「もう一度」を選ぶと、期間がリセットされます。

その日にプリセットされた単語の学習が終わると、完了の祝福メッセージと共に、所要時間が表示されます。

学習が終了したら、必ずスマホ画面右上の同期ボタンを押して、ウェブ上のデータを更新してください。

16 自分で単語を追加する

　英語を学習していると、様々な単語や言い回し、文法のルール
に次々に出合います。新しい知識は全てAnkiに追加して復習し
ましょう。

　PCの最初の画面で、ウインドウ上部の「追加」ボタンをクリッ
クすると「追加」ポップアップが出てきます。

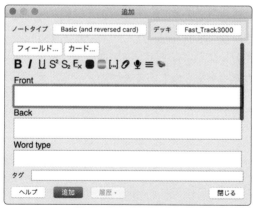

　右上のデッキがFast_Track3000になっていることを確認して

ください。

　ノート作成ではまず、ウインドウの左上にある「ノートタイプ」をクリックし、表示されるリストからBasicまたはBasic (and reversed card) のどちらかを選んでおきます。

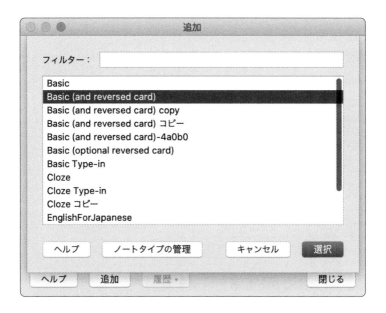

　最初、基礎的な単語を覚えるのであれば、「読み、書き、聴き、話す」全ての場面で使えるように、英語から日本語、日本語から英語の両方向を作るBasic (and reversed card) を選びましょう。その後、Frontに問題、Backに解答を入力します。

　例えば、Frontに"cloud"、Backに「雲」と入力します。こうすると、学習の際は、問題が"cloud"で解答が「雲」のカードと、

問題が「雲」で解答が "cloud" のカードの2枚が自動的に生成されます。

　次に英単語に音声を追加します。

　まずPC上のAnkiにAwesomeTTSを追加インストールします。
PC画面上のメニューからTools → Add-ons → Browse & install とたどっていって、出てくる窓に「1436550454」と入力し、Ankiを再起動すればインストール完了です。

　ご覧のように、ノート追加画面の上部メニューの一番右にスピーカーのアイコンが加わりました。FrontとBackに入力したあとで、音声を追加したい場所にカーソルを置いて、このアイコンをクリックします。

　音声追加の画面の左にはConfigure Serviceの項目があり、ここから音源を選べます。

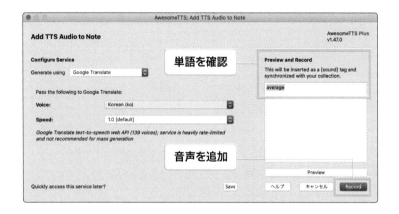

　音声の種類は、たくさんの言語が選べ、地域ごとの発音や、男女の声など様々なチョイスがあります。

　特に英語は、アメリカ、イギリスだけでなく、カナダやオーストラリアの発音もありますから、自分の好みや目的に合わせて選ぶことができます。

　「3000語」では、Amazonのアメリカ英語Joannaさんを選んでいます。

　誰にでも聴き取りやすいとされる若い女性の声です。Amazonは有償なので、自分で音声を選ぶときは、Google TranslateやOddcastなど無料の音源を使ってください。好みに応じて男性の声も、ブリティッシュ、オーストラリアなどの声もあります。

右のPreview and Record画面で音声を追加する単語や文章を確認しつつ、右下のRecordボタンを押せば音声が追加されます。

　読んでわかればいい単語には、Basicタイプを選びます。

　言い回しも登録しましょう。
　Basicタイプで"in order to + ○○（動詞）"を問題、「○○するために」を解答とします。
　例文のカードも作って、そちらには音声も入れれば完璧です。例えば、I bought a bike in order to go to school fast.「学校に早く行くために、自転車を買った」のように。
　正しい例文を自分で作るのはなかなか難しいので、ネット上の例文サイトを活用しましょう。私が使った中では、sentencedict.com（URL: https://sentencedict.com/）が一番いいと思います。
　他の例文サイトは、事例が少なかったり、古い書物の引用が多かったりして、使いにくいです。

17 語学学習は時間短縮が命! 電子辞書と辞書アプリを 使いこなそう

　便利なツールとしておすすめしたいものの1つが電子辞書です。

　紙の辞書しか持っていない人は、だまされたと思って、すぐに買うべきです。

　紙の辞書には「雰囲気がある」と言う人もいますが、私は、辞書は単なるデータベースだと思っているので、検索の合理性を追求します。

　電子辞書をおすすめする理由は、

1. 紙の辞書より、ネット検索より、速く調べられる
2. 軽くて小さく、携帯に便利
3. 複数の辞書が搭載されている（紙の辞書を複数持って歩くことに比べるとさらに有利）
4. オフラインで調べられる
5. 紙の辞書にない高度な機能がある

　短所もあります。

1. 高い。紙の辞書の5倍くらい
2. 間違いがある。これは紙の辞書も同じ

　このような長所と短所を踏まえて、私のおすすめする使用法を

書いていきます。

　できれば、機能がフル装備で、語彙の多い辞書が複数搭載されている、高価格のものを選びましょう。

　そして、せっかく携帯性が高いのだから、いつでも持ち歩きましょう。
　私はよく「あっ、これって英語でなんていうんだろう」と自問自答することがあります。
　こんな時、手元に辞書があれば、その場で調べ、すぐ覚えることができます。

　すぐにメモが取れなくても大丈夫！　多くの電子辞書には、検索履歴が残ります。
　落ち着いた時にここを見直して、単語帳に書き込めばいいのです。

　ワイルドカード検索と、複数単語の組み合わせ検索も便利です。
　ワイルドカード検索は言葉の一部だけわかっている単語を調べる機能。
　私の辞書では、不明部分の文字数が不明な検索は「〜」、字数がわかっている検索は文字の数だけ「?」を入力します。例えば、〜groundで検索すると、aboveground「地上の」、battleground「戦場」、underground「地下」などの多数の単語が見つかります。
　複数の単語を使った言い回しは、「&」でつないで探せます。

例えば、silence&goldenで調べるとSpeech is silver, silence is golden. ということわざが出てきます。

紙の辞書にはない機能が、発音機能です。
ネイティヴの正しい発音が聴けます。

搭載されているたくさんの辞書の中で、私が特に便利だと思うのは、英英辞典と類語辞典です。英英辞典で、単語を調べると、ある事象を英語でどう説明するのかもわかってきます。

類語辞典は、語彙を増やすのに効果的です。
すでに知っている言葉の同意語や意味の近い言葉、反意語など周辺にどんどん広げていくことができます。
例えば、reluctant「いやいや（ながら）の」という言葉の類語ならunwillingが出てくるので、今度は英和でunwillingを調べると反意語としてwillingが出てきて、また類語辞典に戻ってwillingを調べるとreadyが見つかり……という具合です。
それぞれのニュアンスの違いや文例も参考になります。

では辞書アプリはどうでしょうか。
スマホに入れれば、携帯性は電子辞書より優れています。
ワイルドカード検索、音声の機能は辞書アプリにもあります。
アプリによっては、電子辞書より例文が豊富だったり、多くの辞書から調べられたりします。基本的に無料なので、コストパフォーマンスがよいこともアプリの大きな長所です。

欠点は、しょっちゅう表示される広告。ものによってはかなりノイズになります。

　Android版は、総じてオフラインでは使えません。

　また、iOS版もオフライン版は有料で、機能が限定されている場合があります。検索履歴があるものとないものがあります。

　結論としては、電子辞書が今のところ一番便利です。

　しかし、これからどこでもWi-Fiが使えるようになると、状況が変わっていくかもしれません。

　最後に1つ。辞書には間違いが含まれています。

　これは紙の辞書にも電子辞書にも言えることです。

　辞書は、古い辞書をベースにして編纂され、それがまた次の世代に引き継がれているので、間違いをそのまま引き継いでいることがよくあるのです。

　ですから、辞書で調べたことでも気になったらネットなどで確認しましょう。

18 たくさんの シチュエーションが学べる！ 会話カフェ

　英語力を高めるために次に私がおすすめするのは、「会話カフェ」です。英語力の中でも練習機会の乏しい会話のトレーニングに適しています。

　私が会話カフェに行き始めたのは、それまで通っていた語学学校では会話力の向上がのぞめないことがわかったからです。

　語学学校の典型的な授業は、10〜20人程度の生徒に先生がひとりで、文法の要点と語彙を説明しながら、各課の文章を題材に進みます。

　文法・語彙・イディオムなどは、どんどん上達していきますが、自分から話す機会はごく少なく、その少ない機会も、言うことを事前に準備してから話すので、あまり練習にはなりません。

　授業を続けるうちに内容は高度になり、リーディングとライティングの実力はついてきますが、リスニングの進歩はわずかで、スピーキングについてはほとんど身につきません。

　こういったアンバランスがどんどん広がるのを感じて、私は学校に行くのをやめました。

　では、会話学校はどうかというと、今度は文法など語学の原則を学ぶ部分が少ないので、自己紹介など定型文以外はなかなか話

せるようになりません。

　会話カフェでは、ネイティヴのスタッフと客が雑談をします。
　外国人のスタッフがひとりの時も複数の時もあれば、日本人の客が1〜10人近くの時があったりするなど、状況は様々です。
　パーティーの時は、大勢が入り混じって会話することもあります。

　22ページで紹介した「正しい留学」には、以下の5つの効果がありますが、会話カフェはこれに近い擬似留学効果があると考えています。

　留学の効果、まず1つ目は、目や耳に入ってくる情報が全て現地の言葉であること。
　教科書や参考書で学んだだけの言葉とは、印象が違います。
　そして日常よく使う言葉は、取り立てて努力をしなくても自然に覚えてしまいます。

　2つ目は、挨拶やとっさの受け答えの機会が繰り返しあるため、自然と身につくことです。　日本の学校では習わない、現地で定番の表現もスムーズに覚えられます。

　3つ目は、初対面の人に自己紹介したり、日本とその文化を紹介したりする機会がたくさんあり、外からの目で日本を見直し、外国との比較を含めた説明の仕方を自分なりに研究して習得できることです。

4つ目は、外国人と一緒に行動し、様々な場面を体験できることです。この中で、日本人にはないメンタリティや考え方を発見することがあります。途方にくれる修羅場にも数多く出遭います。

最後の5つ目は友達ができることです。

日本にいながら外国にいるような環境を実現することは、難しいです。
しかし、会話カフェなら、挨拶やとっさの受け答えのトレーニングができますし、少し長い文章を話す訓練にもなります。
前述した自己紹介や日本文化・社会の説明などを試す機会が豊富にあります。日本人とは違うメンタリティを経験することもできますし、友達もできます。
このように、従来の語学学校、会話学校やオンラインレッスンとは、また違ったメリットがあるのです。

会話カフェで繰り広げられる雑談の難しさは、相手の会話の展開に合わせて相槌を打ち、発言内容を考えていかなければならないところです。
語学学校の授業であれば、先生はこちらの発言を待ってくれますが、大勢で話している時はそうはいきません。
どんどん変わっていく会話内容について行き、いいタイミングで的確なことを言わなければならない。そんな場面では、確信が持てない表現を使う勇気がなかなかわいてきません。
それでもあえて間違いを恐れずに話すことで、その表現を深く

記憶に刻むことができます。

　発音や興味の方向、相性など外国人スタッフもバラエティに富んでいます。自分にとって聴き取りやすく話す人も、全く話していることがわからなくて困る人もいます。

　お客側も十人十色です。

　それらを全て含めて、留学の疑似体験ができると言えるでしょう。

　では、私が通っている「ミッキーハウス」を例にとって会話カフェを覗いた気分になってみましょう。ここは、30年以上前からやっている老舗です。スタッフはワーキングホリデーで日本に短期滞在している若者が中心です。

　受付でコーヒー・紅茶飲み放題付きの入場料を払うと、後は閉店時間までいることができます。

　英語をはじめ、フランス語、ドイツ語、スペイン語、中国語、ロシア語など様々な言語をテーブルごとに練習できます。

　英語には、毎日一部屋があてられています。いろいろな国の出身者が入り混じり、ネイティヴだけではないことが特徴です。これは、表現や発音の正確性の点ではマイナスですが、実際に使う場面を考えると多様性に慣れるチャンスと捉えることもできます。

　金曜日はパーティーです。別に何語で話してもいいのですが、共通言語はやはり英語です。ビールを片手に、ごく簡単な自己紹介や日本の観光案内をしたり、外国人が日本に暮らして感じた疑

間に答えたり、社会問題について激論を交わしたりします。

　言いたいことがたくさんあるのに表現できなくてもどかしい思いをすることも多々あります。しかしこれは、チャンスです。考えたり調べたり人に聞いたりして、表現力を高めるのです。

　あるいは、思いも寄らない疑問をぶつけられて、答えがわからなかったりします。今度は視野や問題意識を広げるチャンスです。

　会話が途切れたら、別のテーブルに移って相手を替えてみてもいいのです。

　自己紹介や一般的な会話に慣れていない間は、移動して話す相手を繰り返し替えれば、定型文を何度も練習できます。

　例えば、こんな一般的な自己紹介です。

Hi, my name is Shu Yoshino. Nice to meet you. I work for an IT company. My hobby is online games. The "League of Legends" is one of my favorites. I was born in Tokyo and have grown up in Yokohama.

　日本人の友達や恋人が欲しくて来ている人も当然いますので、そういった付き合いを望んでいないのであれば、きちんと断りましょう。

　実は、ミッキーハウスに通い始めた頃、私は失敗をしています。

　当時私は、会話カフェでも自分の語学力を上げることしか頭にありませんでした。相手の興味や会話の流れとは無関係に、自分の知りたいことを質問してばかりでした。

　スタッフには、もっと日本の観光地や遊び、食べ物など話したいことがあったと思います。

私との会話は面白くないので、対応も事務的でした。

英語でも一緒！　雑談の極意

　ある時、齋藤孝さんの書いた『雑談力が上がる話し方』（ダイヤモンド社）という本に出合いました。その本の中で雑談をうまく続けていくコツが書かれていて、「あっ！」と目を開かされました。「会話の展開をより楽しく発展させるためだけに話す」そのうちに「最初何を話していたのかもわからなくなるのが理想」だそうです。

　この原則は、何語であろうが変わらないことに気づいたのです。
　その時から、雑談では、私は日本語でも英語でも、どうやったら話題を展開して盛り上げることができるかを追求するようになりました。
　コツの1つとして、「話は変わりますが」とは絶対に言わないことにしました。
　「話は変わりますが」は、「今の話題はあまり興味がないので、私の好きな話をさせてね」という意味。そこで雑談の流れをブチ切ってしまいます。
　これに続く新しい話題ほど、得てしてその人にしか興味のないケースが多いものです。

　このことに気づいてから、会話カフェでもただただ話を盛り上げることに努めたら、スタッフと仲良くなることが増えました。

　たまたま開店の30分前に着いてしまったことがあります。

　受付スタッフも余裕があったようで、出身や日本に来たきっかけ、好きなことなどをゆっくりと話すことができました。会話カフェでは少ない1対1の会話の機会も、ちょっと工夫すれば作ることができます。

　親しい友達も何人かできました。

　8年ほど前、スタッフの若いドイツ人の両親が、息子の日本滞在期間を利用して来日していました。私と同年代だったこともあり、すっかり仲良くなり、ドイツ旅行の際には家に泊めてもらい、ケルンの大聖堂やライン川下りにも連れて行ってもらいました。大聖堂を訪問した後、川を渡って反対側のビルに移動すると、そこは大聖堂を見るベストスポットでした。9月の晴天の中、船で1時間程度下った村から丘をのんびり登っていくと、山頂には遺跡があり、そこから見るライン川はまさに絶景でした。

　また、3年前、意気投合したスイス人の女性を、2度目のドイツ旅行の帰りに訪問しました。歴史の教師なので町の歴史にも詳しくて、彼女の案内はガイドツアー以上でした。

　町を観光する途中で、なぜか切手とコインの店に寄りました。戦争前のドイツのハイパーインフレで発行された1000万マルクの超高額紙幣を購入して、授業で生徒に見せるためだそうです。

　日本へのお土産には、スイス人がスイスで一番美味しいと思っている（と彼女は言い、「つまり世界一」だと付け加えました）、知

る人ぞ知るスイスチョコを教えてくれました。

会話カフェで学習効果を高める！

会話カフェでスムーズに雑談を進めることは、このように英会話の基本を作るとともに、仲間を広げる意味があります。しかし、英語力を高めるには、これと並行して、大まかな目標とその都度のテーマを持って参加することをおすすめします。

例えば、学習していて出てくる疑問点を質問してみる。相手は英語の専門家ではありませんので、答えが間違っている可能性もありますが、どう質問するかを考えるだけでも勉強になります。

また、流行、時事問題やビジネス用語など、個人的な関心事も、みんなが興味を持つその場の話題になります。会話カフェは、大都市には複数ありますので、是非一度試してみてください。

19 学習のコスパ最強！ 個人授業紹介サイトを 使い倒す

さて、語学を学習している間に疑問や悩みが出てきます。語学学校に行っていれば、先生に質問できますが、自習ベースだとなかなか解消できません。ネットで検索して出てくる答えが本当に正しいかどうかもわからないですし。

こういった悩みを解決してくれるのが、「italki」や「Preply」などの個人授業紹介サイトです。私は、italkiを使いました。読み方は「イタルキ」ではなく、「アイトークアイ」と発音するそうです（URL: https://www.italki.com/home）。

英語だけでなく、ありとあらゆる外国語のマンツーマンレッスンの先生を探すサイトです。

見つけた先生からは、skypeなどのビデオ通話ソフトを使って

レッスンを受けることができます。

　前節で、疑似留学体験ができる場所として会話カフェを紹介しました。会話カフェの長所は、留学時に似た体験ができることです。

　一方で弱点もあります。日本語で話していてもそうですが、友達との会話は自分でコントロールすることができません。
　会話の流れに合わせて発言して、楽しく発展させていくのが不文律です。
　だから自分の知りたいことが会話の中に出てくるとは限りません。
　相手によっては、自分に興味のないことが延々と続いて、うんざりすることもあります。
　他の参加者も、レベルが高すぎたり低すぎたり、なかなか思い通りにはなりません。

　また、会話カフェの会話の相手（スタッフ）は基本的に語学の専門家ではありませんから、質問しても答えがわからなかったり、間違った答えを言ってきたりすることもままあります。

　この点、専門の先生に習うと効果は全く違います。自分の習いたいテーマに絞って授業を組み立ててもらうことができます。また、マンツーマンですから、自分が言いたいことが伝わるまで待ってくれますし、間違いや改善点をすぐさま指摘してくれます。

　前から疑問に思っていたことや似た単語の違いなどを解決して
くれます。

　発音も基本的には会話カフェにくる若者より聴き取りやすいし、
わからなければゆっくりわかりやすく何度でも繰り返してくれま
す。オンラインなので、先生が世界中どこにいても習うことがで
きます。

　Skypeなどのテキスト機能を使えば、教えてくれたことを文字
にして残してもらえますので、復習にも最適です。先生は、アル
バイトでやっている学生から、語学教師の資格を持った人まで
様々なレベルの人がいて、それに従って料金も大きく違います。
　授業を受けられる時間も、授業の頻度や、先生の人気度、住ん
でいる場所と日本の時差で違ってきます。

　英語教師だからといって、英語圏に住んでいるとは限りません。
日本など東アジアに住んでいる先生なら、時差の問題が少ないの
で授業がとりやすいという利点があります。

　参考までに、私の活用法をご紹介します。ドイツ語を学習して
いる時に利用したので、ドイツ語教師が相手の事例ですが、英語
であっても基本的に同様のやり方で進めることができます。
　先生が5回単位のパッケージを用意してくれていたので、これ
を購入しました。ドイツ語教師の資格を持った人なので、価格は
高めでした。

それでも、1回1時間で、1回あたり15ドルでした。

そしてitalkiのサイト内にあるスケジューラーで授業を予約しました。

授業は月1回程度に設定していました。

日々新聞を読んだり、YouTubeで刑事もののテレビ番組を見たり、週1回会話カフェに行って、習ったことをAnkiで復習しますが、授業では日頃疑問に思ったことを書き留めておいて一気に質問しました。

また、その時興味を持ったウェブ記事を事前に送っておいて、授業ではそれについてディスカッションしました。関連する表現をたくさん習うことができますし、会話の中で間違いをたくさん直してもらえます。試験の前には、回数を増やして、面接試験に出る社会問題を中心に話しました。

italkiの先生の授業は、前回以降レベルアップしたかどうかみてもらいさらに改善を加える場であり、単語のニュアンスや用法の違いと文法や文の構造など、自分ひとりでは習えないことを教わる場になっていました。

マンツーマンの先生は、技量や知識、availabilityとともに自分との相性も大事です。

italkiでは、プロフィールを公開するほか、お試しレッスンを設定している先生もいます。

私が習っている先生は、教え方がうまいため人気が集中し、な

かなか予約が取れなくなり、仕方なく他の先生の授業を受けたこともあります。この辺りは、ネット英会話でも同様の悩みらしいです。

　英語の場合、先生の国籍がフィリピンや東欧など多岐にわたっていることも特徴です。

　私は、オンライン英会話大手のRareJob（URL: https://www.rarejob.com/）を試したことがあります。この会社の教師は大半がフィリピンの方達です。

　先生の英語力は申し分ありませんでしたが、発音はやはりフィリピン独特のアクセントがありました。英語の多様性に慣れることができるとみるか、正統な発音が学べないとみるか、考えが分かれるところです。教師選びの際のご参考まで。

20 自分の欠点が 瞬時にわかる！ 日記のネット添削

　第1章で、ライティングのアウトプットの方法として日記をおすすめしました。語学を上達させるには、インプットと並行してアウトプットの努力をする必要があります。

　日記は、自分の英語レベルとは無関係に、自分の書きたいことを英語にしなければならないので、いろいろ調べて書くことになります。これを続ければ確実に表現力が向上します。

　わからない表現を調べたり表現が正しいか確認したりする際、避けたほうがいいのは、日本語のよろず質問サイトです。解答者に中途半端な知識レベルの人もいて、間違った答えがよく掲載されていて信頼できません。

　Wikipedia も同様の仕組みですが、Wikiには校閲の体制があるので、質問サイトよりは信頼度が高いと思います。それでも、仕事で調べものに使うとき、皆さんもWikiを鵜呑みにせずに必ず裏を取りますよね。

　日記には、自分にとって興味のあることや、習ったばかりの言い回しを使いますから、記憶が定着しやすいというメリットもあります。ライティングはスピーキングのベースです。
　時間制限のないライティングで表現できないことは、即座に話

さなければならないスピーキングで使えるわけがないからです。

　日記の手順ですが、まずはネタを考えます。日常で印象の深いことはそれほど多くないので、すぐに似たような話になってしまいがちです。こんなときは、日常起きたことから離れて、世の中の話題や自分の意見を書いてみましょう。

　次に、書きたいことをいきなり英語にせず、一度日本語でまとめてみます。このとき、文章にしてはいけません。あくまで要点を箇条書きにします。文章にすると日本語の語順やニュアンスに囚われてしまうからです。箇条書きの項目を英語でどうつなげるか、考えながら書きましょう。

　コツの3つ目は、複雑な長文にしないことです。友達に雑談をするトーンでいくと、続けやすいです。毎日が難しければ、自分なりのスケジュールを決めましょう。私は、ネタのあるときだけ書いています。それでもやめてしまうより遥かにいいのです。

　日記を続けるコツの最後は何かというと、添削を受けることです。自分だけで完結していると、間違いがあってもそのままになり、しばらくすると、正しいかどうかわからないことを練習し続けても意味がないと感じてやめてしまうからです。

　SNSの投稿を英語で書き友達に見てもらうのもいいですが、添削サイトを活用する手もあります。私が使っているのは、Grammarly です。仕事でも使えるクオリティです。

無料コースでもスペルと文法のミス、句読点を直してくれます。有料のオプションなら、さらにその場面で正しい単語の提案、文章全体の読みやすさ、より良い単語の提案、ネットページとの重複チェック、差別用語チェック、丁寧さの度合い、文章のトーンと表記の統一も添削してくれる優れたサービスです。

これとは違うアプローチで添削が受けられるのが、HiNative（URL: https://hinative.com/ja）という外国語作文添削サイト・スマホアプリです。外国語で何か文章を書いて投稿すると、それを見つけたネイティヴの人たちが、添削してくれる仕組みです。

Grammarlyとは違って、生身の人間がネットの向こう側にいることが、モチベーションの点ではプラスです。

情報は、権威ある人が書いたものを一般人が高いコストで入手する時代から、特定のことに知識を持つ人が持ち寄って、他の人がチェックし、加筆修正してより正確な情報に仕上げていく時代に変わってきたと思います。

昔の百科事典と今のWikipediaを比べてみるとよくわかります。

HiNativeは、こうした最近の情報の蓄積と発信の変化を反映しています。

例えば、Facebookの投稿や日記の内容をHiNativeに投稿してみましょう。

いろいろな人の投稿を添削している常連さんが、早速添削して

くれます。

最初は、細かいところから重大なミスまで指摘されて凹みますが、無料で文章を見てくれるのですからありがたい話です。

複数の人が添削してくれると、解答が違っていることがあります。

そんなときは、コメントで疑問をぶつけてみます。

投稿・質問にはテンプレートを利用すると便利です。英文の校正に加えて発音の確認もできます。

添削してもらった文章は、最後に念を入れてGrammarlyで再チェックすれば完璧です。

学習のためだけでなく、プレゼンやスピーチ、あるいはメール文章の添削に活用している人もいます。

もちろん大事な文章は、Grammarlyなどの添削サービスに任せたほうがいいと思います。

添削するとその回数、解答した早さ、内容の正確さがポイントになってたまります。

ポイントがたまって引き換えに何かを購入できるわけではありませんが、貢献できたことが自分で嬉しいし、HiNativeのコミュニティーの中では一目置かれることでしょう。

こういう人の中から、タンデムのパートナーを見つけたり、先生になってもらったりという発展もあります。

自分が投稿するだけでなく、外国人が日本語で書いた文章を添削してみましょう。

　高度な日本語を書く人から典型的なミスが多い人まで、レベルも様々で読むだけで楽しいです。添削すれば、感謝され、ポイントがもらえますので、自分の投稿がどんどん添削されるベースにもなるわけです。

21

相乗効果が期待できる！タンデム

　「タンデム」は、二人乗りの自転車のことですが、助け合う仕組みを語学の教え合いに例えてこう呼びます。自分の母国語での会話と、自分の習いたい言語での会話を交代で行うことで、学習するのです。英語を習うなら、日本語を習いたいアメリカ人などを見つけます。ヨーロッパの若者の間で盛んな語学学習法です。

　タンデムの長所は、なんといってもコストがほとんどかからないことです。ネットを使えば、相手が離れたところにいても問題ありません。

　短所は、パートナーを見つけるのが難しいこと。そして、お互いに素人なので、疑問点を確認しても相手がわからなかったり、間違ったことを言ってきたりする可能性があることです。

　今は、タンデムのためのプラットフォーム、その名もTandemができて、弱点が随分と改善されました。

　自分の練習したい言語、レベル、母国語、興味などを入力すると、適したパートナーを推薦してくれるので、相手を見つけるハードルが下がり、いろいろな人と会話を試してみることができます。

　Tandemでは、ZoomやSkypeなどを介さずに即ビデオチャッ

トができます。

　テキストチャットには語学を教え合うためにとても便利な機能があります。相手のメッセージに訂正を入れられるのです。

　また、相手がルール違反などをした場合に、プラットフォームに報告する機能も備えています。ベーシックな使用は無料です。

　実際使い始めると、自分から相手を選ばなくとも、プロフィールを見てコンタクトしてくる人が次々と現れます。文章のメッセージを交換して、気が合ったらビデオチャットに移行することになります。

　以前は、会ったことのある人か、HiNativeなどのサイトで知り合った人しかチョイスできなかったので、相手を吟味する機会があまりありませんでした。

　Tandemの登場で、タンデムが言語習得の手段として世界中に拡大していきそうです。

　テキストのやり取りだけでも、一日中リーディングとライティングをしている状態になり、Immersion作戦の一環と考えることもできます。

　Tandemに限らず、会ったことのない人とコミュニケーションする場合、常に詐欺や揉め事などのトラブルのリスクがあります。くれぐれも相手をよく見極めてから関係を進展させるようにしましょう。

　大して知らないうちに、ビデオで話そうとか、別のソフトでチャットしようとか誘ってきたら、要注意です。相性や語学レベ

ルのバランスも大事です。

ここで、私の数年前と最近のタンデム体験と、そこから学んだことをご紹介します。

私は、ドイツ語の学習にタンデムを使いました。相手は、Hi-Nativeの前身Lang-8で見つけた日本語を習っているスイス人の青年です。何人かに声をかけ、時間帯が合う人に決めました。

日本とスイスの時差の関係から、毎週土曜日の夕方に1時間Skypeで30分をドイツ語、30分を日本語で会話しました。

最初の数か月は、お互いの状況を紹介し合うので、ネタも豊富で楽しい会話が続きました。住んでいる場所、仕事、趣味、好きな食べ物、最近の出来事など。

スイスには、数キロの長さを誇るそりコースがあるって知ってましたか。斜度が相当あってスピードが出るし、夜もやっていて大人でも十分楽しめるそうです。

しかし、次第に会話が途切れがちになりました。彼と私にはあまりにも共通点がなかったからです。彼は、市役所に勤める独身の30代で、文化系の人。趣味は、日本のアニメと教会の聖歌隊です。私は、60歳の会社員で、趣味はスキーとインラインスケートです。

それでもなんとか続けていくうちに、彼が来日することになりました。ちょうどワンピースのスーパー歌舞伎の公演があり、二

人で観に行きました。舞台の仕掛けは驚異的で、二人とも満足して帰りました。

　しかし、次に会った時は、ミッキーハウスに連れて行ったのですが、全く盛り上がりませんでした。初対面の人とコミュニケーションを取ろうとしないのです。結局気まずく別れて、彼の帰国後タンデムはやめてしまいました。

 ## 共通の話題を見つけるとさらに会話が進む！

　会話とは、気の合う人とお互いに興味のあることを語り合うものであって、それがあった上で、語学上達という目的のためのタンデムが成り立つということです。これは、会話カフェの章で書いたのと同じ雑談の原則です。

　会話には共通の話題が必要です。元々共通の話題のある相手を選ぶことがまず大事です。加えて、共通の話題を作る努力をしましょう。例えば、同じ映画やドラマ、スポーツを観てから会話するのです。盛り上がる要素ができます。

　教え合うといってもお互い素人なので、ここにも工夫と努力が必要です。毎回、話したいこと、聞きたいことを準備しましょう。学習の中で出てきた疑問をリストアップしておいて、時々聞いてみるといいです。
　必要なら次の機会までに調べてもらうこともできます。なかなかうまく言えないフレーズを練習させてもらうのもいいと思いま

す。

　相手のことを考えると、この際日本語学習の参考書などで正しい日本語を再確認しておくことも必要です。タンデムは「サービス」を交換し合う、「お互い様」の仕組みですから。

　お互いに学習効果が上がり、バランスが取れて、長続きするように、スケジュール、言語の順番、聞いていいこといけないこと、目標などラフにルールを決めるのもありだと思います。

　Tandemというプラットフォームができたので、ドイツ語と韓国語で複数の人と並行してタンデムを最近再開しました。

　ドイツ語は、スイス人で近く日本に留学予定の青年と週1度話しています。

　強いモチベーションがある人とはタンデムが始めやすいし、日本の観光地、文化、実用的な情報などを説明するので話題も作りやすくなります。

　韓国語の相手は、日本に2年留学を経験した人です。今のところテキストでのやり取りだけです。大阪にいたので、こちらも日本に関する共通の話題があります。訂正機能を使って、お互いに教え合っています。

タンデムは語学力が高いパートナーと組むとうまくいく

　タンデムでは、お互いの語学レベルが大事です。

ドイツ語のほうは、私のドイツ語レベルが高く、相手の日本語レベルは低いです。一方、韓国語のほうは、相手の日本語レベルが高く、私の韓国語レベルが低いという組み合わせです。

　相手の言語がある程度できると、複雑なこともうまく説明できるので、とてもスムーズです。お互いが初心者だと、説明はできないし、表現できることも少ないので話題にも詰まってしまいます。

　良い組み合わせとしては、両方とも相手の言語のレベルがある程度ある、または、片方が相手の言語をかなりマスターしているのが望ましいということになります。

22 洋書を読もう! 簡単なものから ノベライズ、趣味のサイトまで

私は、長い英語学習歴の中でたくさん英語の本を読みました。

読書の良さは、語彙と表現力の拡大に非常に役立つことです。1冊の本を読み終えた達成感と自信も学習のモチベーションにつながります。

自分の好きな内容であれば、読むこと自体が楽しめます。また、日本語に訳されていない本をいち早く読めること、原文のニュアンスが味わえることも長所です。

まずは薄い本から! 無料版の電子書籍を使って すいすい学習をすすめよう

レベルが上がる前は、薄い本を選びましょう。

最初から厚い本では挫折しがちになります。区切りにすぐ到達できる短編集もおすすめです。Milestoneがいくつもあるようなものです。

読書にあたっては、電子書籍をおすすめします。電子書籍は、辞書機能がついていることが大きなメリットです。わからない単語が出てきたら、その単語を長押しするだけで辞書ウインドウが開き意味がわかります。ストーリーを追いながら中断して辞書で意

味を調べるのは煩雑ですが、これならスムーズです。

　読み始めで、わからない単語が多いときには特に有効です。

　必要に応じて、後から意味と用法をじっくり調べて単語帳など
で復習してもいいですね。

　欲しくなったら、配達を待つことなく、すぐダウンロードでき
ること、旅行中も嵩張らないことも長所です。

　電子書籍は、専用のデバイスがなくても、専用の無料リーダー
アプリを使えば、スマホやPC、タブレットで読めます。

　電子書籍のもう1つのメリットは、無料の本がたくさんあるこ
とです。

　どんな本を読んだらいいかわからないときは、とりあえずダウ
ンロードして読んでみましょう。無料の本の多くは、古い名作で
す。

　著者が亡くなってから70年以上経っている作品は、著作権が切
れているので無料で提供されているのです。

　私も、クラシック中のクラシック、Charles Dickensの『A
Christmas Carol』やMark Twainの『The Adventures of Tom
Sawyer』を読みました。

　それでは、私の読書歴をたどって、英語力のレベルごとに読め
る本をご紹介します。

　最初は、第1章で紹介した、簡単な言葉で書かれた物語でした。
それ以外に、絵本や児童書もいくつか読みました。

絵本や児童書の問題点は、内容が子供向けなので興味が持てないことが多いという点です。

でも、長く読み継がれているものは、ストーリーにも絵にも魅力があります。

子犬のSpotのシリーズや、日本語にも訳されているロングセラー『The very hungry caterpillar』（はらぺこあおむし）はいいですよ。

映画、テレビドラマのノベライズは 内容がわかっているので、スムーズに読める

続いて取り組んだのは、人気テレビドラマとヒット映画のノベライズです。小説を原作としている映画は、話を短くして単純化しているケースが多いです。

ですから、逆に映画を基にして書かれた小説は、話が短くて単純なのです。

ホットとクールの対照的なコンビが活躍する刑事もの『スタスキーとハッチ』シリーズは、日本でも大ヒットしました。

テレビドラマにハマっていたので、小説も何作も読みました。

ストーリーは単純ですし、スラングもあまり極端なものは出てこないので、読みやすい本でした。しかし、それでも知らない単語は出てきます。to grin「微笑む」とかcop「警官」など、この時覚えた単語は今でも頭に残っています。

80年代までは映画とドラマのノベライズが盛んになされてい

ましたが、今はグッと少なくなりました。それでも「Movie Novelizations」というサイトに行けば、映画をベースにした本がたくさん見つかります。ジャンルとしては、特にSFとファンタジーが多いです。

『Jurassic World』『The Avengers』『Guardians of the Galaxy』『Thor』『Captain America』などは、ジュニア向けのノベライズが出ています。

その次は、Sydney Sheldonの『ゲームの達人』（Master of the Game）です。Sheldonの小説は、比較的やさしい英語で書かれており、ストーリーは間違いなく面白くて、引き込まれます。好きな作家やテーマが見つかり、同じ著者の本を続けて読んだこともあります。競馬の元ジョッキーDick Francisの作品は『Reflex』『Banker』『Slay Ride』『Come to Grief』と読み漁りました。同じ作家の作品や同じジャンルの作品を続けて読むメリットは、基本的な単語や表現が共通なこと。2冊目以降は、読むスピードが上がり、学習の苦労と読書の楽しみのバランスが、楽しみ側に振れていきます。

続いて映画の原作も読みました。概要がわかっているのでとっつきやすいです。

Dan Brownの『The Da Vinci Code』と『The Lost Symbol』は夢中で読みました。Dan Brownの使う英語はそれほど難しくありませんし、物語の面白さは折り紙付きなので、トライしてみてください。

実用書、ビジネス書を読み漁る

　レベルが上がってからは、実用書も英語で読むようにしています。斬新で大胆なアイデアを披露しているものをいくつも読みました。

　最近感心したのは、Robert Reichという経済学者の書いた『Saving Capitalism』です。

　富が一部の人に集中する格差社会は、大きな需要を生み出す中産階級を貧困化させ、結局社会全体の衰退につながるという話で、非常に納得できました。一部の富裕層がこれ以上どれだけ資産を持っても、人数が限られているので消費できる量にも限界がある。

　また、既得権者に利権が集中すれば、アイデアは固定化し、新規参入を妨害して新たな事業は生まれにくくなるとも論じています。

　もう1つは、「老化」を研究する生理学者David Sinclairの書いた『Lifespan』です。「老化は病気である」という大胆な仮説を展開しています。

　彼をはじめとする世界の研究者たちは、すでに老化のメカニズムを解明しています。慢性病の背景には必ず老化があるので、それぞれの病気に対して個々に対策するより、老化自体を防げば医療コストは激減する。幾つになっても活動できる人が増えることが、社会の大変革につながるという流れです。

　この2つの本は、いずれも日本語訳が出ていますので、「興味はあるけど英語ではハードルが高い」という方は日本語版をどうぞ。

サイトで英語を学ぶ！
料理も、観光も楽しみながら覚える

リーディングの素材として考えれば、ネット上には様々な文章があふれていますので、活用しない手はありません。

もし料理に興味があるのなら、レシピサイトはおすすめです。

メジャーなレシピサイトには、All recipes、Food Network、Yummlyなどがあります。基本、説明が単純で読みやすいです。料理や素材の名前、調理の仕方などは、レシピサイトを見ていればすぐ覚えてしまいます。

料理好きの外国人と話すとき、会話がはずむと思います。

やさしい英語で書かれたニュースサイトをCHAPTER1でご紹介しました。

「The Times in Plain English」（URL: https://www.thetimesinplainenglish.com/）というサイトは、最新ニュースを掲載していて良さそうです。

難易度は上がりますが、一般のニュースサイトにも挑戦してみましょう。ニュースサイトは、頻繁に読むと、同じ話題がなんども出てきます。大事件があると速報、続報、詳細、裏話、その後の展開と続くからです。ですから、新しい単語を習って復習するには最適です。

最後におすすめしたいのが、各地の観光サイトです。

旅行前に情報を素早く集めるためには、日本語のサイトが便利

ですが、学習のためには英語サイトを見てみるといいですよ。

　外国人と会話するとき、必ず出てくるのが出身地の話。

　出身地に行ったことがあれば、盛り上がること間違いなしですが、そうでなくてもその場所の名所や名物を知っていると会話がはずみます。同時に、旅行や交通手段に関する語彙が増えます。

　日本の観光地を英語で紹介したサイトも、日本に来ている外国人と話すときには有効です。

　日本の文化や歴史について説明するベースにもなります。

　英語での読書は、最初は学習が目的ですが、あるレベル以降はそれ自体が楽しみとなり、知的好奇心を満たしてくれます。

　世界中の出版物でも、ニュースでも、日本語に訳されるものはごく一部ですし、発行されてもタイミングが遅れる場合があります。英語で読書して、世界の多様な出来事、アイデア、考え方に触れることを強くおすすめします。

23 ツールを駆使して改めて学習計画を立てる

　CHAPTER2では、英語学習に使えるツールをご紹介しました。

　CHAPTER1で検討した学校と参考書とこれらのツールを組み合わせて、もう一度学習計画を練り直してみましょう。

　使えるツールは、参考書、学校（通っている場合）、Anki、タンデム、日記、会話カフェ、個人授業、そして読書（サイト含む）です。

　学習の方針としては、理解して読んで聴いて記憶する（インプット）と書いて話して練習する（アウトプット）を組み合わせて、総合的な英語力をつけることを目指しましょう。

　適したツールは、レベルによって違います。

　初級であれば、受け身で学習できる学校やオンラインレッスンで、基礎を固めたほうが良さそうです。

　中級であれば、参考書を中心に、Outputの機会を増やしましょう。

　そして上級になれば、読書、会話などを通して、理解力と表現力の向上を目指します。

それでは以下に、1日2時間、毎日学習することを前提に、3つのレベルで作ったモデル週間スケジュールをご紹介します。

まずは、初級のパターンです。

週1回1時間半の語学学校の授業があると仮定しました。

学校に通っていなければ、代わりに参考書の学習を入れます。

参考書は、最初は発音の練習、その後は文法を中心にステップアップする『English Grammar in Use』を想定し、場面場面で会話、イディオムなど分野を絞った参考書を学習します。

Ankiで毎日記憶を強化します。

学校、参考書などで出合った単語を2日に1度Ankiに登録する時間も、それ自体が復習になっていますから、学習時間に含めます。

まだ、自分で表現できることは限られますが、それでも、タンデム（テキストメッセージとビデオチャット）、日記によってOutputの機会も確保します。

Ankiにかかる時間は、日によって変化します。少ない日は、参考書による学習で調整します。

月	火	水	木	金	土	日
学校	参考書	参考書	参考書	参考書	参考書	参考書
	単語登録		単語登録	タンデム	単語登録	日記
Anki	Anki	Anki	Anki	Anki	Anki	Anki

続いて、中級のパターンです。

参考書を中心に学習し、疑問点や特に練習したいところを週1

回の個人授業で解決していくことを想定しています。

　毎日のAnkiと2日に1度の単語登録は、初級と同様です。

　Outputの機会をタンデム、会話カフェ、日記に増やしました。個人授業でもOutputの時間は出てきます。

月	火	水	木	金	土	日
個人教授	参考書	参考書	参考書	参考書	参考書	参考書
	単語登録	タンデム	単語登録	会話カフェ	単語登録	日記
Anki	Anki	Anki	Anki	Anki	Anki	Anki

　最後は上級です。

　Ankiは初級・中級と同様に毎日入っています。語彙がかなり拡充されたと仮定し、参考書と単語登録の回数を減らし、その分日記とタンデム、読書を増やします。

　試験前などには、個人教授を週2回に増やして強化するのもいいと思います。

月	火	水	木	金	土	日
個人教授	読書	参考書	日記	参考書	タンデム	参考書
	単語登録	タンデム	単語登録	会話カフェ	読書	日記
Anki	Anki	Anki	Anki	Anki	Anki	Anki

　以上、レベルごとの参考スケジュールでした。

　毎日2時間2年間続ければ、確実に高いレベルが目指せますが、負荷が相当高いことも事実です。できそうもなければ、1時間、あるいは30分でもいいので、毎日できる時間を確保しましょう。

「1時間はやるぞ」と決めていても、たまたまできない日もあります。そんな時は、潔く諦めます。

　仕事が集中して時間が取れなくなれば、思い切って一休み。やる気が戻ったら再開しましょう。

記憶の
加速装置

24 覚える前に まず理解しよう

さてここまで、様々なツールを駆使して、英語を理解し記憶に定着させる方法を説明してきました。

ここからは、記憶の理論に少し踏み込んで、なかなか覚えられない、他の単語と混同するなどのトラブルに対処し、効率的に覚えるコツを掘り下げてみましょう。

効率的な暗記を実現するコンピュータープログラム SuperMemo の開発者 Wozniak 博士は、「効果的な学習法 20 のルール」を提唱しています。

これを基に、自分の経験を加味して、効率的に英語を覚えるコツを 8 つにまとめてみました。いわば「記憶の加速装置」です。

 ## 英語のルールを理解する！

1 つ目は、〈覚える前にまず理解しよう〉です。暗記に関して一番重要な原則が「理解」です。

例えば、単語を記憶するケースを考えてみましょう。

birth と day の意味を知っている人が、birthday と言う単語に初めて出合ったらすぐに覚えられますが、そうでなければちょっと

変わったスペルを含めてゼロから暗記しなければなりません。

あるいは、単語それぞれの意味を知らずに、イディオムを丸暗記しようとしたらどうなるでしょうか。take something into consideration を consideration の意味を知らずに覚えるのは、大変な手間がかかります。

文法の原則にも同じことが言えます。

英語の名詞には、数えられるもの（countable）と数えられないもの（uncountable）があること。countable noun は、必ず単数か複数を特定して使わなければならないというルールです。
「私はネズミを見た」は I saw a rat. なのか I saw rats. なのか明確にしなければなりません。そして、定冠詞か不定冠詞が必要かどうかも教える必要があります。

可算名詞と不可算名詞の区別がなく、単数と複数の違いも表現しないし、冠詞について考える必要のない日本語とは大きく異なる点です。「私はネズミを見た」で済むのですから。
アメリカ人が「私はネズミを見た」という日本語を聞けば、「ネズミは一匹、それとも複数？」という疑問が頭に浮かぶでしょう。実は、区別する必要はあまりないので、日本語では曖昧で済んでいるのです。

最初にこの原則を知っていれば、冠詞をつけずに単数の名詞を

使うことがなくなりますし、新しい名詞に出合った時まずcount-able / uncountableの区別をするようになります。原則を理解していると、覚えやすいだけでなく、長期にわたって記憶が定着しやすいのもメリットです。

　振り返ってみると、まず理解してから進めることを知っていれば、自分の学習ももっと効率的にできたと感じることが多々あります。例えば、高校時代の日本史や化学です。元々不得意な上に受験科目でなかったこともあり、よく理解できないことは丸暗記して試験に臨みました。

　結果、記憶に苦労し、成績は悪いまま。

　記憶したことは、試験が終わると瞬く間に消えていきました。

　「理解」で、特に大事なのは「全体像の把握」です。
　単語をたくさん覚える前に、その言語の綴りの大原則、発音の種類などの全体像をつかんでおくのです。その時、日本語との違いを意識することも役に立ちます。

　例えば、英語は日本語と違って、let、padなど子音で終わる単語が多いこと。

　日本語には子音で終わる単語はほとんどありませんね。

　だから、「レット」「パッド」のように発音しがちです。

　日本語は、様々な言語の中でも音の種類が少ないことが特徴です。このため、外国語を学ぶには、日本語にはない発音を新たに

習得しなければなりません。

　こういったことを知っておけば、ひとつひとつの単語がずっと簡単に覚えられるようになります。どんな発音があるのかをきちんと理解し、自分で発音できるようにしておくことも、「全体像」の一部です。

　綴りと発音の関連性にはルールがあります。

　その基本原則も理解しておきましょう。

　理解には、34ページで紹介した、『世界一わかりやすい英語の発音の授業』などの参考書が役に立ちます。

　原則を理解しておくと、Ankiに音声を入力した時、綴りと音の関係に納得がいき、記憶が大幅に強化されます。

　例えば英語で、アクセントがあるaは大抵［æ］と発音します。「ア」の口の形のまま「エ」と発音するアレです。

　この原則を知っていれば、apple, bad, exactなどの単語が、覚えた途端に自分で発音できる、使える知識になります。あるいは、bとpの前のnはmに変わるというルールがあります。bとpでは上下の唇がくっつくので、くっついたままのmで発音するためです。どうしてinpossibleではなくimpossibleなのか、わかれば二度と間違えることはありません。

　また、品詞を変換し意味を付け加える機能を持つ、接頭辞・接尾辞を知っていれば、単語の中心部分である「語幹」を覚えるだけで語彙がぐっと広がります。

接頭辞では、否定を示すunをfinishedにつければunfinished（未完成の）、「渡る」を表すtransをatlanticにつければtransatlantic（大西洋をまたぐ）など。

接尾辞では、beautyに形容詞化するfulをつけてbeautiful（美しい）、energyに動詞化するizeをつければenergize（パワーを与える）など。

また、英語には1つの語幹を中心にした単語のファミリーがたくさんあります。

例えばableという語幹を知っていれば、enable, abilityなど同じ語幹からなるファミリーが簡単に覚えられますし、初めて出合っても、接頭辞、接尾辞の知識と合わせて類推が利くようになります。

文の構造がわかった上で持っている単語の知識は、リーディング・リスニング・ライティング・スピーキングの全てで役に立ちますが、単語を丸暗記した知識は応用が利きません。そして、使う機会が少ないため、消えていきやすいのです。

結論です。

単語を覚える前に、英語の基本的な構造と文法、そして日本語とは違う単語の構成と発音を大くくりに捉えておきましょう。

その上で、たくさんの文章を読み・聴き、そこで出てきた単語を例文・使い方を含めてAnkiを使って覚えましょう。

　理解しておくべき全体像は、あまり詳しい内容ではなく、大まかに留めておいたほうがいいです。詳細は、それぞれの単語や表現を覚える時に突き詰めていきます。

　特に、ごく当たりまえに思える基本は、早目にきちんと覚えましょう。

　基本は、難しいことに比べると覚えるのに手間がかかりません。

　しかし、基本に穴があると、後々覚えるのに苦労することが出てきます。例えば、日本語とは違う語順のルールなどは最初に押さえておくべき基本です。

25 一度に覚えることは 1つだけにする!

我々の脳は、一度に1つのことだけ覚えることを一番得意としています。

ですから、覚える対象を1つに絞り、できるだけ小さい単位に細切れにすることが効率的な記憶につながります。これが2つ目のコツ、〈一度に覚えることは1つだけにする!〉です。

複数のことを一度に覚えようとすると、脳は混乱し、情報どうしが干渉してうまく覚えられません。複数の意味がある言葉は、一度に覚えようとせず、意味ごとに分けて覚えましょう。

意味ごとに分けるとは?

例えば、rightという単語には、「右の」「正しい」という形容詞と「権利」という名詞がありますが、これらを覚えるには、the right hand, the right answer, human rightsのように事例を挙げて、3つに分けて覚えるのです。

間違っても、「rightの3つの意味を挙げよ」という課題を復習してはいけません。

一見このほうが一度で済んで合理的に見えますが、3つが相互

に干渉して、何度復習しても全部を覚えられず、とても効率が悪いのです。

このように答えを列挙させる問いで記憶しようとするのは、最悪の方法です。

回り道に見えても、最小単位で覚えましょう。

絶対にやってはいけない!?「2つのことを同時に覚えようとする」

もう1つ犯しがちなミスが、「2つのことを同時に覚えようとする」ことです。

例えば、inevitable deterioration「避けられない劣化」のどちらも初めての単語なら、知らない単語を一気に2つ覚える努力をすることになり、どちらもなかなか覚えられません。

これも面倒ですが、1つずつ覚えます。

例えば、それぞれを知っている単語と組み合わせて、inevitable accident「避けられない事故」とsignificant deterioration「重大な劣化」を覚えましょう。

いろんな角度から問題を解く!

さて、〈一度に覚えることは1つだけにする!〉に則って学習すると、同じ単語を複数の角度から覚える効果が見えてきます。

ひとつひとつの記憶課題は単純なままで、1つの単語を覚える

ための課題を複数作り、しっかり記憶するのです。

　例えばreluctantlyが覚えにくいなら、まず、「嫌々ながら」という日本語に対して、reluctantlyという解答を得る単語カードを作ります。

　次に、reluctantlyを問題、「嫌々ながら」を解答にしたカードを作ります。さらにダメ押しで、穴埋め問題の、She joined the party ……「彼女は嫌々ながらパーティーに参加した」というカードを作ります（紙の単語カードを使ってもいいですが、Ankiを利用して効率よく学習することをおすすめします）。

　一見遠回りですが、英語の暗記は「急がば回れ」なんです。
　IT用語としてよく耳にする「冗長性」の活用と言い換えることもできます。
　そして、冗長性には、記憶を強化する効果があることがわかっているので、大いに活用しましょう。
　これが3つ目のコツ、〈冗長性の活用〉です。

日本語→英語、英語→日本語で覚えておくことで忘れない

　冗長性活用の有効性は、脳科学で証明されています。新しい記憶は、新たな脳神経の回路を作りますが、この回路にさらにもう1つの回路が加わり、記憶を強化するというのが、この方法が有効な理由です。

　記憶は、時間がたったり、他の記憶が邪魔して曖昧になったりすることがあります。

　こんなときもう1つの記憶は、いわば道路工事中の「迂回路」のように別ルートとして働き、思い出させてくれます。

　別ルートで記憶に到達すると、元のルートも復活するから不思議です。

　干渉し合っている単語を、別角度から覚えてみるのもいいでしょう。「最小限の情報を冗長に使って記憶する」と覚えておいてください。

　48ページでactive knowledgeとpassive knowledgeの話をしました。これが冗長性の活用になります。大事な単語であれば、英語を見て日本語を思い出すだけでなく、日本語から英語を思い出す練習をすれば、両方の道筋ができ、これだけで記憶は強化されます。

26 記憶の干渉とは？

　4つ目のコツは、〈記憶の干渉を解決する〉です。

　覚えたこと同士が干渉しあって記憶が曖昧になることがあります。

　覚え方の入り口を間違えると、曖昧さは後を引き、いつまでも確信の持てない記憶になります。最初から手を打っておきましょう。

　私は「普及」と「復旧」でいつも混乱してしまいます。

　友人には「洗いざらい」と「洗いざらし」の区別がつかない人がいます。「それじゃあ洗いざらいのジーパンになっちゃうじゃん」といつもからかっています。

　母国語ですらこんな混乱が起きるのは、最初に2つの言葉に出合った時にできた記憶の干渉に対処しないまま放置した結果だと思います。

　まず、覚える最初の機会にきちんと対応しましょう。

　対策の1つ目は、CHAPTER2でも書きましたが、何かを覚える際にやりがちな「列挙」を避けることです。「道にあたる英語を6つ挙げる」という単語カードでは、road, route, street, avenueなどと途中までできても、5つ目、6つ目は出てこないことが多いです。

　列挙では、それぞれが干渉しあって記憶が曖昧になりますし、全てを思い出すことが難しくなります。それぞれが持つ独自の意味合いや使い方を習得することもできません。それぞれのニュアンスを含んだ例を使って、ひとつひとつ覚えていきましょう。

　スペルや発音、似た連想につながる言葉を同時に覚えることも避けるべきです。

　例えば load と road と lord。

　3つとも初めて習うのであれば、1つを確実に覚えてから2つ目を覚えるのが記憶の干渉を避ける1つの方法です。

　1つの問題に解答が複数あるときは、どちらの記憶も曖昧になりがちです。

　その場合、英語を考える際、日本語の後に同義語Aを（＝A）と書いておけば、「これではないほう」と区別することができます。先ほどの reluctantly には unwillingly という同義語があります。

　reluctantly を解答に設定した単語カードでは問題「嫌々ながら」の後（＝unwillingly）と追加するのです。これで、答えは unwillingly 以外であることがわかります。

　記憶の干渉の厄介なところは、入り口できちんと対処しても後から問題が出てくることです。それまではっきりしていたある単語の記憶が、新たに出合った単語との類似性で途端に曖昧になるというケースです。

　影響は、新旧両方の単語に及んでしまいます。

記憶の干渉が起きたら、迷う状態が脳に記憶されないうちに即刻手を打つことが大事です。そうしないと、いつまでも「洗いざらし話してみる」ことになります。

綴りが似ている単語を書きだし整理してみよう！

　こんなときまずやるべきことは、混同した単語を全部書き出して、整理してみることです。これだけで記憶の干渉が解消することもありますが、そう簡単にいかなければ、記憶の干渉の種類によって対策を取ります。

　分類としては、意味が似ている、綴りが似ている、発音が似ているがあります。
　1つずつ見ていきましょう。

①綴りが似ている→反意語から覚える
　綴りが似ていて意味が違う例として、relevantとreverentを見てみましょう。
　relevantは、「関連がある」、reverentは「敬虔な」という意味の形容詞です。
　2つのうち、relevantは、反意語のirrelevantとともに、ビジネスや社会、科学の分野でよく使う言葉ですので、irrelevantのほうから覚え、そこからrelevantを覚える手があります。reverentが全く別であることが頭の中で明確になります。

②意味も綴りも似ている→単語を組み合わせて覚える

意味も綴りも似ている例として、historical と historic はどうでしょう。

類似の要素が増えて、さらに区別が難しくなります。

historical は「歴史の」「歴史に関する」で historic が「歴史上重要な」なので、名詞と組み合わせて覚えましょう。historical research「歴史の研究」、historic building「歴史的（に重要な）建造物」と覚えれば干渉を防ぐことができます。

③発音が似ている→どちらかを確実に覚えておく

flower「花」と flour「小麦粉」も混同しやすいペアです。

スペルと意味は違いますが、発音は全く同じ。

調べてみると語源も同じらしいです。

この例では、大抵の人が flower のほうを先にしっかり覚えているので、混乱しないで済むはずです。

どちらかを確実に覚えておくことは、干渉の対策として有効なことがわかります。

それでも混乱してしまう人は、w を花が開いているとイメージするなどのこじつけもありだと思います。

④語源を調べる

語源を調べると違いがはっきりすることもあります。

例えば、combine「組み合わせる」と confine「（領域を）限定する」を例にとってみましょう。私が活用しているのは、語源サイト「Online Etymology Dictionary」（URL: https://www.etymonline.

com）です。

※Etymologyが「語源学」です。

　使い方は簡単、ページトップにある検索窓に探したい単語を入れて虫眼鏡ボタンを押すだけです。

　このサイトによれば、combineはフランス語のcombinerに由来していて、comはwith / togetherを表す接頭辞、bineはなんと「2」を表すbiから来ているそうです。

　confineのほうは、conとfineに分解されるものではなく、元々「境界線を作る」という意味だったとのことです。

　説明が難しいときはウェブ上の翻訳ツールDeepL（URL: https://www.deepl.com/ja/translator）に説明文をペーストして日本語訳してもらいましょう。

　記憶の干渉は、最初からきちんと手を打ち、後から発生したら

この節で説明した反意語の利用、単語の組み合わせ、こじつけ、語源を調べるなどで対策しましょう。

27

連想の活用

5つ目のコツは、〈連想の活用〉です。

連想も記憶を強化する方法として有効です。
特に個人的な経験を連想させる単語を積極的に使いましょう。

例えば、小学校の友達の浩二くんが変わった帽子をかぶっていて、印象に残っているとしたら、それを使って、

Koji's bizarre cap.

とすると、ただ「変わった帽子」a bizarre cap より強い記憶になります。

私は学生の時、ヨーロッパをヒッチハイクで回ったことがあります。
1日中待って数キロしか進めなかったことや、身の危険もありましたが、自分たちもヒッチハイクで知り合ったご夫婦、怪しげな商売をする日本人など、普段知り合えない人たちと出会いました。今でも時々鮮烈に思い出します。
この時、私は21歳、1977年のことでした。

　グラスゴーの郊外で乗せてくれた3人家族のお父さんは、ウイスキーの蒸留所に勤めていて名前はなんと Jonny Walker！ 今考えるとからかわれたのかも。

　ご夫婦は、オランダで別々にヒッチハイクしていて知り合ったそうです。

　4歳の息子さんがパトカーのおもちゃで遊んでいて、ずっと呟いていた nee-naw, nee-naw が忘れられません。サイレンの擬音語です。こんな些細なことも、印象の強い体験と共に覚えると、消えない記憶となります。

　マドリッドのユースホステルでは、夜中に到着した人が入り口のソファに横になったのを見て、"Why don't you go into a room?" と聞いた時の答え、"I don't bother moving." 「移動するのが面倒くさい」も忘れられません。

　個人の思い出の他に、一般的な強い感情を結びつけることも、記憶を強化します。

　例えば、愛、セックス、戦争、死、家族、趣味などです。

　好きなスポーツのチームや選手、芸能人がいれば、積極的に例文に取り入れましょう。好きな映画、小説や友達、恋人、事故や戦争のニュースなども効果的です。その場合、一般名詞より具体的な固有名詞を使うとさらに印象が強まります。

　例えば、

「船が転覆した」A ship was capsized. より「セウォル号が転覆

した」The Sewol was capsized. のほうが記憶に残りやすくなります。

　単語をいつ、何から知ったかを単語カードの問いに入れておくことも、記憶の強化に役に立ちます。

　「あの時の単語だ」とその時の状況が思い浮かんで、連想が記憶にポジティブに働くからです。

28 記憶術の活用

　覚えにくい単語対策の奥の手が、6つ目のコツ〈記憶術の活用〉です。

　なかなか覚えられない原因が記憶の干渉にある場合は、154ページで書いたように、覚え方を変えれば、かなりの確率で改善します。

　それでもなかなか覚えられないなら、記憶術を使う手があります。

場所を使って覚える

　英語でMemory palaceと呼ばれる「場所法」は、自分の家などの場所を思い浮かべ、その中を一定の順序で歩き回る自分を想像します。

　そして、覚える対象の言葉を思い出させるイメージを決めて、ある場所に割り振るのです。

　例えば、玄関、廊下、居間、キッチン、トイレ、階段、踊り場、二階の寝室の各場所に、動物のイメージを割り振り、英単語を覚えていきます。

lizard, snake, deer, hippopotamus, alligator, turtle, dove, crow などなど。

 ## 物語法

似たような方法に「物語法」があります。

よく知っている物語の一節に、アイテムを割り当てていくのです。

「浦島太郎」に政治の職位を当てはめてみましょう。海岸で子供が亀をいじめているシーンをPresident、亀を海に返すシーンをSenator（上院議員）、亀が太郎を迎えに来るシーンをRepresentative（下院議員）、竜宮城についたシーンをSecretary of State（国務長官）といった具合です。

 ## 奥の手！ 語呂合わせ

これら世界共通の記憶術以外に、日本特有の記憶術があります。それは語呂合わせです。

私は、西洋発の記憶術より有効だと考えています。

例えば私は、「否定する」to denyを「～でない」から否定するだと覚えました。

あるいは、Mondayは「月曜は学校に行きたくない。問題だ」と覚えました。

邪道だと言う人がいるかもしれません。しかし、覚えるが勝ち。

　一度覚えてしまえば、最初に語呂合わせを使ったことはどうでも良くなります。覚えにくい言葉を覚えやすくし、ハードルを下げる「きっかけ」にすぎないと考えて、私は割り切っています。

　たくさん学習する中で、記憶術や語呂合わせに頼らなければならないほど覚えにくい単語は、せいぜい数パーセントですから、どんどん使って構わないと思います。

 ## なじみのある日本語英語から覚える！

　膨大な数の日本語英語も記憶の助けになります。

　周りを見回してみましょう！

　ノート、テキスト、ボトル、ボールペン、スマートフォン、パソコン……たくさんありますよね。

　これらの言葉に全く馴染みがなければ、ゼロから覚えることになります。

　ただ、注意すべき点もあります。

　それは、発音、意味、使い方が間違っていたり、日本語独自の略語だったり、実は英語ではなくフランス語やドイツ語であることも結構多いこと。元の英語を確認してから覚えましょう。

　発音は、外国語が日本語になるときのパターンを意識すると間違いにくくなります。

　日本語の単語は、元々一般的に発音がとても平板で、音節ごとに母音を伴います。

　外来語にもこの仕組みが適用されているのです。

例えば、storageは、日本語では「ストレージ」と均等かつ平板に発音しますが、このままでは絶対に通じません。というのも英語では［stɔ́ridʒ］とoにアクセントがあり、他の部分は弱く発音するからです。

　また、mobileは日本語では「バ」を強く言う「モバイル」ですが、英語では［móʊb(ə)l］です。発音も違いますが、アクセントがoに来ることも大事な相違点です。

　「フィーチャー」と「フューチャー」の混同、teaserを「ティザー」、bakedをわざわざ「ベイクド」と言う間違いなども頻繁に目にするので、ご注意ください。

　英語以外の外来語の例としては、フランス語由来のプチやミルフィーユ、ドイツ語由来のリュックサックやエネルギッシュ、アルバイトなどがあります。

　そういえば、ミルフィーユという発音は、在日フランス人のジョークのネタになっています。薄い生地がたくさん重なっているお菓子なのでミルフイユ「千枚の葉」という名前なのですが、ミルフィーユでは「千人の娘」になってしまうから。

29 優先順位をつけよう

学習すべき単語や表現は数限りなくあります。

中には自分の中で「どうでもいい」と思えるものも出てきます。
意識しなくても、実はそれほど重要でない単語や表現もあります。

そこで、効率的な学習のためには、優先順位をつけて、自分に
とって重要な単語から覚えていくことを考えてください。

7つ目のコツは、〈優先順位をつける〉です。

重要でない単語はあえて覚えない！

まずは、頻出単語を優先して覚え、基礎が固まったら自分の仕
事、趣味、関心事に関連する単語に手を広げていきます。
　頻出単語は、COCA（Corpus of Contemporary American En-
glish）などで入手できます。COCAの頻出単語は、北米で最も頻
繁に使われている単語を10億のテキストや録音から抽出したも
のです。
　見出し語5000までは以下のサイトから無料でダウンロードで

きます。（URL: https://www.wordfrequency.info/samples.asp）

　この際、CHAPTER1で説明した、passive knowledgeとactive knowledgeのどちらとするかで単語カードの種類を決めましょう。
　passiveは読んだり聞いたりしたときにわかればいい単語、active は自分で書いたり言ったりできるようにする単語です。
　activeなら英→日と日→英の両方向の単語カードを作り、passiveなら英→日にします。
　基礎的な単語や言い回しは、両方向にしておく必要があると思います。

　最頻出単語を覚えたら、語学習得に使う素材をレベルアップに従って変えていくと、ちょうど良い難易度の単語や表現に出合えます。

　英語は大抵の人が、はじめに学校の教科書で習います。教科書の例文は、初心者向けに基本的な語彙と文法で書かれています。
　レベルが上がったら、簡単な英語でニュースを伝えるウェブサイトや、やさしい英語に書き直した物語などを教材としましょう。

　さらに上達すれば、新聞のウェブサイト、小説などネイティヴの大人が日常的に触れるメディアをメインの教材として活用しましょう。
　出合った単語や表現の中には、習得する優先順位をあえて下げたほうが良いものもあります。

　本や新聞記事を読んでいると、時々非常に特殊な言葉や表現に出合います。

　出合った状況ではキーになる表現なので、単語カードにして覚えようと努力しますが、後から考えると汎用性がなく、自分の意識の中であまり重要と感じられない場合です。自分の中で重要度が低いのですから、覚えられるわけがありません。

　たまたま読んだ時代小説に出てきた、「笏（しゃく）」scepterはこのジャンルが気に入って今後も読み続けるのでなければ、とりあえず覚えなくていいかもしれません。

　でも、仕事で英文契約書を読む必要があるなら、特殊なForce Majeure「不可抗力」は自分でも使える単語として覚えておくべきです。

　基礎を固めた後の優先順位は、自分の興味や仕事によって決めていきます。

30 記憶は ペンキ塗りのようなもの

　最後の8つ目のコツは、〈記憶はペンキ塗りのようなもの〉です。

　これは、コツというより気持ちの持ちようと言ったほうがいい
かもしれません。

　単語は一度では覚えられません。

　私は、単語がなかなか憶えられないと悩んでいた時、ある英語
習得法の本に、「記憶はペンキ塗りのようなもの」という一節を見
つけました。

　塗装は、下塗りから始まり、何度も塗り重ねることで完成しま
す。

　記憶も、同じような道筋をたどると考えれば、すぐに覚えられ
なくてもいいことがわかり、気が楽になりました。

　一夜漬けではすぐ剝がれてしまうけれど、Spaced Repetition
System（SRS）で繰り返し学習することで頭に定着するのです。
忘れかけた頃に復習するのも、最初の層が乾いたところに次の層
を塗るペンキ塗りに似ていますね。

　SRSは1つのことを完全に覚えるまでに一定の期間がかかり、
その間は規律を持って定期的に復習する必要があるので、一回で

終わる一夜漬けに比べると実行しにくいです。しかし、しっかり
した塗装のように長期的には大きな効果が出ます。

　ペンキを塗る手順も重要です。
　下塗りが壁の左上から塗り始めて右下で完了なら、次の層も同
様に左上から始めます。
　記憶も毎回同じプロセスで脳が働いて思い出すことが大事です。

　例えば、ラテン語由来なのに結構使う per se「それ自体は」を
初めて習った後、もう一度その言葉に出合うと、「なんか見たこ
と・聞いたことがある」と思います。
　次に、復習すると「なんとなく意味がわかる」ようになります。
　さらに復習すると、「はっきり意味がわかる」ようになります。
　さらに復習を続けると「発音や使い方もわかる」ようになりま
す。
　最後に反射的に答えられるよう練習をすることで「すぐ出てく
る」ようになります。これが仕上げのニスに当たります（反射練
習は、自分がよく使う単語や言い回しを、1秒で答える練習です）。
　だからペンキ塗り。

　最初は「なんか見たことがある」で十分成果が上がっているの
です。
　そして、このペンキ塗りのプロセスを強力にサポートしてくれ
るのがAnkiです。
　もう、「あれなんだったっけ」と思って、忘れている自分にイラ

イラしたり、失望したりすることはありません。毎日の隙間時間にその日の復習セッションをするだけ。復習以外の時は気にしなくていいのです。

　記憶ツールは、「安寧」（peace of mind）ももたらしてくれます。

　語彙を増やすために日々心がけたいのは、新しい言葉との出合いです。

　生活していて、「これって英語でなんて呼ぶのかな？」とか「どう表現すれば伝わるのかな？」という疑問を持ったら、あるいは英文を読んで新しい単語や表現に出合ったらチャンスです。

　すかさず電子辞書で調べ、Ankiに登録しておきましょう。

　そのうちに、その単語や表現を復習する日が来ます。

31 Ankに記憶の加速装置を実装する

　私が、この本の中で紹介したソフトウエア・アプリAnkiを使えば、ここまでに説明した記憶のコツを日常の復習に組み込むことができます。

　まず、〈最初が肝心〉という話。
　新しい単語や答えを間違えてリセットされた単語をどう扱うかです。

　新しい単語が登場すると、最初は答えられないことが多いので、「もう一度」を選びます。もしすぐに答えられたとしても、あえて「難しい」を選びましょう。
　するとその日の復習の間に2度目の登場があります。
　ここで簡単にわかったら「普通」を選びます。
　新しい単語の初日は、これでももう一度出てきます。そこで3度目の復習をして、改めて「普通」を選ぶと、次の日にまわります。
　その日の復習は、その分時間がかかることになりますが、記憶の最初の入り口を固めておくと、その後の効率が全く違います。

　久しぶりに登場した単語が、答えられなかったときと間違えた

そうすると、今までの復習の記録がリセットされ、新しい単語と同等の扱いになります。

一度覚えたはずの単語ですから、悔しい気持ちがあり、どうしてもその後急いで「普通」や「簡単」を選びがちですが、ここでもしっかり「難しい」から始め、段階を踏むことで、記憶が定着しやすくなります。

次に、〈一度に覚えることは1つだけにする！〉方法です。

Ankiでこの方法に向いたノートタイプがCloze「穴埋め」です。

答えるべきことがそこだけに集中するからです。

rightの例でいえば、

Q: the ＿＿＿ hand「右手」
A: the right hand

となります（Clozeは問い→答えの一方向だけです）。

位置を示す前置詞は、日本語の「上」「下」などでは表せない意

味の領域を持っています。

　onを例にとるなら、壁に絵が掛かった画像を使い、以下のように Cloze ノートを作ります。

Q: The picture is hanging ＿ the wall.
　「その絵は壁に掛かっている」
A: The picture is hanging on the wall.

　A on B は、「AはBに接地している」という状態を表していて、位置的に「AはBの上にある」とは限らないことに注意しましょう。

　このことを確実に覚えるには、もう1つノートを作るといいです。
Q: A fly is sitting ＿ the ceiling. 「ハエが天井に止まっている」
A: A fly is sitting on the ceiling.

　天井に逆さまに止まっているハエの画像があれば、onの意味と使い方を納得した上で覚えられます。

　画像を使った記憶法について私の経験をご紹介します。

　人間の脳は、画像からより多くの情報を思い出すことができるので、語学学習にも画像を使うと効果的です。

　私は全ての問いを画像で作った時期がありました。

　しかし、弱点が2つあるので今は特別なときしか画像は使いません。

　1つ目は、画像には大量の情報が含まれているので、画像が表すのはそこに描かれているもの自体なのか、そのものの動作なのかなど、目指す答えがわかりにくいことです。

　例えば、ジョギングしている人の画像が問いだとすると、答えは、a jogger, a runner, to jog, ジョギングしている場所であるa parkなど様々な可能性が出てきて、とても扱いにくくなります。

　もう1つの欠点は、適切な画像を見つけるのに手間がかかることです。

　画像が有効なのは、地図上で町や国を示すとき、「りんご」や「フクロモモンガ」など間違えようのない名詞を答えとするときです。先に挙げた位置関係も有効な例の1つです。

　知らない単語を一気に2つ覚えようとして、両方入ったノートを作るのも悪手だと述べました。inevitable deterioration「避けられない劣化」のどちらも知らない単語なら、横着せずにひとつひとつ覚えましょう。

　それぞれ単独でBasic & Reversed の形式でノートを作るのです。

　これで日本語→英語と英語→日本語の両方向が復習できます。

Front: 避けられない

Back: inevitable

Front: 劣化

Back: deterioration

　あるいは、よく知っている単語と組み合わせた問いにします。
　例えばconflictとqualityの2つの単語をよく知っていると仮定
すると、an inevitable conflict「避けられない紛争」とquality
deterioration「品質の劣化」の2つのノートをClozeで作る手があ
ります。

Q: an _____ conflict「避けられない紛争」
A: an inevitable conflict

Q: quality _____「品質の劣化」
A: quality deterioration

　〈一度に覚えることは1つにする〉を徹底すると、結果として
ノートの数は増えますが、記憶の効率は逆に高まります。

　〈冗長性の活用〉の一例としては、英語から日本語の一方向では
なく、日本語から英語のカードも同時に作られるBasic &Re-
versedタイプのノートを選ぶ手は基本です。

Front: 違う（形容詞）
Back: different

　これだけで、両方向の道筋ができて記憶は強化されます。

日本語から英語がわかっても、英語を見てパッと意味が思い浮かばないことがあるので、この単語を自由に使えるようになるためには英→日も復習することが必要です。

　differentがなかなか覚えにくいなら、2つ目のノートを例文の穴埋め問題で作ります。

Q: He has a ＿＿＿ opinion.「彼は違う意見だ」

A: He has a different opinion.

　という具合です。

　覚えることが増えて、ノートを作る手間もかかりますから、全部の単語でこれをやる必要はありません。覚えにくい単語・表現に絞ってやってください。

　覚えにくいイディオムにも、冗長性の原則を応用してみましょう。

　as is often the case「よくあることだが」を例にとると、Clozeでas, often, caseそれぞれを空欄にしたノートを作るのです。

Q1: ＿＿ is often the case　「よくあることだが」

Q2: as is ＿＿ the case　「よくあることだが」

Q3: as is often the ＿＿　「よくあることだが」

A（共通）: as is often the case

こうすれば使える知識として確実に定着します。

　問題文も吟味し短かく単純にしましょう。それだけで記憶が容易になるんです。

　複数の分野で意味が違う言葉の場合、問題に分野を指定すれば説明が不要になり、問題文を短くすることができます。

Q: prescription（医療）
A: 処方箋

 ## 記憶の干渉

　記憶の干渉を防ぐため、ノートを作る段階で、悪手を避けることが基本です。
　悪手の典型が列挙です。
　以下のような問いと答えはやめましょう。

Q:「道」を表す言葉を6つ挙げよ。
A: road, street, way, avenue, route, path

　全部を覚えることができないという欠点に加え、それぞれの単語固有のニュアンスも覚えられません。代わりに以下のやり方が有効です。

Q: This ___ leads to Atlanta. 「この道はアトランタに続いている」

A: This road leads to Atlanta.

roadは町と町を結ぶ幹線道路を表すことの多い単語です。

Q: My grandmother lives on this _____.
　「私の祖母はこの通りに住んでいる」

A: My grandmother lives on this street.

市街地のいわゆる「通り」はstreetが一般的です。

　意味も綴りも似ている単語は、記憶干渉しやすいです。
　前に取り上げたhistoricalとhistoricはどうでしょう。
　Clozeで2つのノートを作るのが効果的です。

Q: a _____ research　「歴史の研究」

A: a historical research

Q: a _____ building　「歴史的（に重要な）建造物」

A: a historic building

と覚えれば干渉を防ぐことができます。

　同義語がある場合も覚えにくくなります。
　その場合、同義語Aを問いの中に（＝A）として書いてしまえば、
それ以外の単語が解答なので、出すべき解答が明確になり、記憶

も鮮明になります。

　3つ以上あれば、（=A, =B, =C, ……）と全て書き出します。

　例えば、

Q: He ＿＿＿ a house.「彼は家を建てた」（=built）

A: He constructed a house.

として、記憶の干渉を避けることができます。

　同義語は、1つ単語を覚えた後に出合うことが多いのも厄介な点です。

　例えば、lukewarm と tepid「生ぬるい」。

　私は、lukewarm を知ってから、tepid に出合ったのは20年後でした。

　もしこの時 Anki を使っていたとしたら、Basic & Reversed で、

Front: 生ぬるい（=lukewarm）

Back: tepid

のノートを作ると同時に、lukewarm のノートにも（=tepid）を追加したでしょう。

Front: 生ぬるい（=tepid）

Back: lukewarm

　実は、ほとんどの同義語は、厳密には意味が違います。

この例でも、tepidのほうがlukewarmよりぬるいそうです。

連想の活用

　個人的な記憶と結びつける例では、小学校のクラスメートの浩二くんを使い、Cloze形式のこんな問題がいいでしょう。

Q: Koji's ＿＿＿ cap 浩二の変な帽子
A: Koji's bizarre cap

　ヒッチハイクの思い出を使えば、Basic & Reversed形式で、

Front: 電気工事（1977年ヒッチハイク）
Back: electrical work

　また、一般名詞の代わりに固有名詞で連想を強める作戦なら、Clozeでノートを作ると、下記のようになります。

Q: The Ever Given was ＿＿＿＿. 「エバーギブンは座礁した」
A: The Ever Given was stranded.

32

Ankiで「どうしても覚えられない単語」対策をする

　Ankiには、8回繰り返しても覚えられないノートを、デフォルト設定で「無駄（leech）」として表示停止する機能があります。

　このノートを覚えるのに時間をかけているのに、効果が出ていないと判断し停止するのです。また、この半分の回数を答えることができないと警告が出て、leechのタグが付きます。

　警告が出ると「この単語は永久に覚えられないかも」と焦る気持ちになりますが、覚えられない単語に対する解決策を講じるチャンスでもあります。

　具体的には、まず、PC版のBrowse機能を使って、leechとマークされたノートを選び出します。選び出したノートを見ていくと、5つのタイプがあることがわかります。それぞれのタイプごとに覚えられない原因があります。

　タイプ1は、同義語があって混乱しているケース。

　解答が単一になるように、質問の中で他の解答をカッコ内に示して明確化しましょう。

Q: 光線（=ray）
A: beam

このタイプでは、文字をPCやスマホのキーボードから入力する解答形式（type-in）にすることが有効な対策となります。

付録のデッキ（Fast Trach 3000）には、Basic type-inのノート形式も組み入れていますので、ご活用ください。スペルを正確に書けて正解になった時は、単語全体が緑になり、結構達成感がありますよ。

これは、Ankiに音声を入れ、復習のたびに自分でも発音してみることで解決します。

例えば穴埋め（Cloze）形式のノートにして、

Q: dig a ＿＿＿「穴を掘る」

A: dig a hole

とすれば、解答すべきことはholeただ1つになり、簡単に覚えられるようになります。そして、もう1つClozeのノートを作り、こちらは

Q: ＿＿＿ a hole「穴を掘る」

A: dig a hole

とするのです。これで正解はdigだけになります。

なかなかうまくいかないケースです。

　本や新聞記事を読んでいると、時々非常に特殊な言葉や表現に出合います。

　出合った状況ではキーになる表現なのでAnkiに登録するのですが、後から考えると汎用性がなく、自分の意識の中で「この単語は特殊だなあ。どうでもいいなあ」と感じている場合です。

　覚える本人がそう思っていれば、覚えられるわけがありません。

　こういうケースでは、Ankiでこのノートが出てきたときにたまたま答えられても、使える記憶にはなりません。

　思い切って削除しましょう。

　Ankiでノートを作る際は、優先順位とその単語の自分なりの使い方に従って、ノートタイプを決めましょう。

　passiveは読んだり聞いたりしたときにわかればいい単語、active は自分で書いたり言ったりできるようにする単語です。

　activeなら英→日と日→英の両方向のBasic ＆ Reversed、passiveならBasicのみにします。

33 Ankiデッキを進化させる

　Ankiで英語学習を進めていくと、デッキを改訂・進化させる必要が出てきます。

　単純に修正が必要な場合と、自分のレベルや他の単語との関係で改訂する場合があります。まず、修正です。

　復習していると、自分で入力したノートに結構な頻度で間違いが見つかります。その場合は、間違った記憶が定着してしまわないように、見つかり次第復習を中断して修正します。

　conglaturation → congratulation のように。

　発音が間違っていたり、発音を入力していなかったりなど、音声が絡む場合は、PCでの修正が必要ですので、手元にPCがない場合は小まめにメモしておきましょう。

　ノートタイプを間違えた場合、タイプを変更しようとすると、自分の持っている全てのデッキに入っているそのノートタイプが一括で変わってしまうので、間違ったノートは削除し、正しいタイプでノートを新規に作ってください。

　同義語Aが後から登場したとき、(=A) という注意書きを問題文に追加することも必要です。

　よりポジティブな作業は、自分のレベル向上のためにデッキを進化させることです。

　英語の単語を見て意味がわかればいいと、Basicで作ったノートを復習していて、その単語の重要性を再認識したら、自分で話し書く際に使えるように、Basic & Reversed つまり日英両方向のノートに進化させます。

　重要な単語が自分の記憶に定着したら、今度は反射的に意味がわかる・出てくる状態を目指します。

　1つの問いに対して解答の制限時間がない、または、答えるまでの時間がある程度長く取れる場合は、普通に復習していればいいのですが、使える英語を目指すなら反射的に出てくる単語力がどうしても必要になります。Type-inで綴りを覚える努力をした単語は、特に解答に時間がかかっています。

　会話で、よく知っている単語が出てこず、後から「ああ言えば良かった」と後悔したことはありませんか。
　英文を書こうとして適切な単語が思い浮かぶまで時間がかかり、大変な手間になってしまうことは？
　あるいは、英文を読んでいて、意味を思い出すまで少し時間がかかってしまうこともありますよね。

　これらは全て、記憶が最高のレベル、つまり反射的に使えるレベルに至っていないために起こります。

そのためには、記憶に定着した単語を選び出して、それだけを別デッキにして学習する機会を作ります（Ankiのフィルター機能を使った操作の詳しいやり方は、次節に書き込みました）。

この復習では、問いを見たらなるべく1秒以内に答えを口に出します。英語を見たらすぐさまその日本語の意味を、日本語を見たらすぐにそれにあたる英語を言うのです。

snowstorm「吹雪」、brain-child「独創的なアイデア」、superficial「表面的な」……

音声データが入っていれば、音だけ聴いて答えを出す練習も効果的です。

「えっ、Ankiの復習を2つもやるの？」という声が聞こえてきそうですが、メインはあくまで普通の復習。
反射練習は自分の英語力にとって必要と感じたときにやればいいのです。幸いにもこの練習は1日に5分とかかりません。

反射解答の練習は、リーディング、ライティング、リスニング、スピーキングの全ての技能に効果があります。

例えば、英語での読書を始めたばかりの頃は、日本語の本に比べて相当時間がかかります。これは、全ての単語を一字一句きちんと読まなければならないからです。
日本語の文章は、パターン認識を使って読み飛ばすことができ

るので、ずっと速く読めます。パターン認識できる語彙が豊富な
ら、次のめちゃくちゃな文章も簡単に読めます。

Aoccdrnig to rsereach at an Elingsh uinervtisy, it deosn't mttaer
in waht oredr the ltteers in a wrod are, the olny iprmoetnt tihng is
taht frist and lsat ltteres are in the rghit pclae.

英語でも反射レベルに到達した単語が多ければ、リーディング
のスピードが飛躍的にアップします。英語の「斜め読み」も夢で
はありません。

34 反射フィルター デッキの作り方

検索画面を表示させる。

対象のデッキを選び、「期日」をクリックして復習の予定が先のものから表示させ、期日を設定して対象のノートを選ぶ。

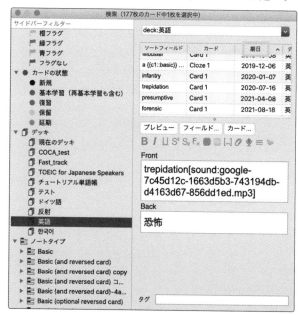

画面トップの「カード」メニューから「フラグを付ける」→「赤フラグ」を選ぶと、選択したカードが赤で塗りつぶしになる。

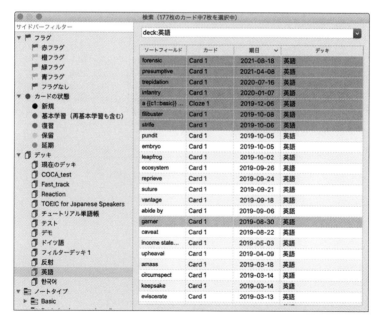

検索画面サイドペインの「赤フラグ」を押して選択したカードのみを表示させる。

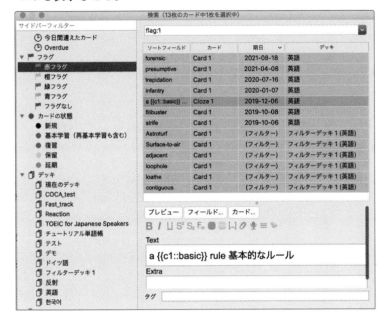

画面トップの「編集」メニューから「フィルターデッキを作成」を選び、「検索」窓にflag:1が表示されていることを確認し、デッキ名をつけて「作成」。

完成。

おわりに

継続は力、工夫は加速装置

　英語は、ますます重要になっています。

　私の趣味のインラインスケートでは、YouTubeで世界チャンピオンが動画レッスンを完全無料で公開しています。

　でも、言葉は早口の英語で、中身を理解するハードルは高いです。これを気楽に活用できるのは、英語ができるからに他なりません。大きなアドバンテージですよね。

　インターネット上の情報の大半は英語。日本語になっているものはごく限られています。だから英語ができれば、仕事・趣味・社会情勢の把握などあらゆる面で有利です。

　私は、大学のフランス語のクラスでは劣等生でした。

　県立高校で英語がちょっと得意だったレベルでは、帰国子女たちにかなうわけがなかったのです。

　しかし、今はレベルが一番高いほうです。

　理由は単純。続けたからです。

　世の中でよく言われるように、「継続は力」です。

　でも、それだけではダメ。

　どんどん進歩している世の中から、役に立つツールや仕組みを

どんどん取り入れて効率を上げ、忙しい中でも習得できるように
しましょう。

そう「工夫は加速装置」です。

ツールは日進月歩です。ドイツ語で苦労していたわずか数年前、
DeepL や Grammarly、Tandem は存在していませんでした。

ツールを見つけて使うこと自体楽しくて、継続を助けてくれる
側面もあります。

皆さんもここで紹介したツールを活用し、ご自分でも検索や工
夫をして、英語を楽しく楽に習得してください。

最後になりましたが、アイデアレベルの私の企画を本の水準に
引き上げて下さった NPO「企画のたまご屋さん」の小島さん、完
成度アップを指導して下さった自由国民社の三田さんに深く感謝
します。

■著者プロフィール

吉野 周 (よしの しゅう)

1955年東京生まれ
上智大学外国語学部フランス語学科卒

大学在学中にフレンチアルプスの麓の町グルノーブルにフランス語習得のため留学した。
夏季休暇中はイギリスと欧州各国を旅行して英語の習得も果たす。
在学中の1978年英語検定1級、1979年にフランス語通訳検定2級を取得。

時計メーカーに就職し、輸出を担当する。
頻繁なアメリカ出張で、ビジネス英語を鍛える。

1987年から6年半フランスパリの子会社に勤務してフランス語をさらにブラッシュ
アップした。
フランス各地への出張で方言と遭遇。
一時帰国中の1989年にフランス語検定1級を取得。

本社に帰任後は海外向けの宣伝を担当し、広告制作や新製品紹介に英語を駆使する。

1997年から1年半オーストラリアに駐在。オージーイングリッシュと遭遇する。

帰任後、宣伝の担当に戻ると、アジアや中近東への出張も増え、香港、インド、UAEな
どの英語の多様性に触れる。
また、販売会社への年二回の新製品紹介と、スイスで毎年開かれる展示会のプレスカン
ファレンスの新製品発表を15年間に渡って手がけ、英語によるプレゼンテーション技術
を磨いた。
展示会開催地がドイツ語圏で、スイスブランドの多くもドイツ語で情報発信をすること
から、ドイツ語の習得を開始し、2017年にドイツ語検定1級を取得。

時計メーカー退職後は、外国人研修生へのレポーティングとプレゼンテーション指導や、
英語習得とプレゼンテーションの書籍執筆を手がける。
「英語習得の極意」というブログを運営し、毎週英語リーディング問題を出題している。
現在は、本書に紹介したツールを駆使して韓国語習得に取り組んでいる。

語学マニアが教える！
コスパ最強の英語学習法

2021年10月19日　初版第1刷発行

著者　吉野 周（よしの しゅう）

カバー　小口 翔平＋奈良岡 菜摘（tobufune）
ＤＴＰ　有限会社中央制作社
校　正　株式会社ヴェリタ

発行者　石井 悟
発行所　株式会社自由国民社
　　　　〒171-0033　東京都豊島区高田3丁目10番11号
　　　　電話　03-6233-0781（代表）
　　　　https://www.jiyu.co.jp/

印刷所　横山印刷株式会社
製本所　新風製本株式会社
企画協力　小島 和子（NPO法人企画のたまご屋さん）
企画協力　NPO法人企画のたまご屋さん
プロモーション担当　井越 慧美
編集担当　三田 智朗

©2021 Printed in Japan　ISBN 978-4-426-12742-8